Wolfgang Günter Lerch
Der Kaukasus

W0182579

EUROPA
VERLAG

WOLFGANG GÜNTER LERCH

DER KAUKASUS

Nationalitäten, Religionen und Großmächte im Widerstreit

Europa Verlag
Hamburg · Wien

Die Deutsche Bibliothek – CIP-Einheitsaufnahme

Ein Titelsatz für diese Publikation ist bei
Der Deutschen Bibliothek erhältlich

Erstausgabe
© Europa Verlag GmbH Hamburg/Wien, September 2000
Lektorat: Holger Heimann
Umschlaggestaltung: Kathrin Steigerwald
Foto: dpa
Innengestaltung: H & G Herstellung, Hamburg
Druck und Bindung: Clausen & Bosse, Leck
ISBN 3-203-79530-2

Informationen über unser Programm erhalten Sie beim
Europa Verlag, Neuer Wall 10, 20354 Hamburg
oder unter www.europaverlag.de

»Cependant que mon front, au Caucase pareil,
Non content d'arrêter des rayons du soleil
Brave l'effort de la tempête«

Jean de la Fontaine, Fabeln

»Die Peters und Katharinas kommen und gehen,
das Gesetz des Islams aber bleibt bestehn.«

Der Imam Schamil

Adygien
Krasnodar
Stawropol
RUSSLAND
Karatschai-
Tscherkessien
Sotschi
Kabardino-
Balkarien
Tschetschenien
Kaspisches
Meer
K
A
Grosnyj
Suchumi
Nord-
Ossetien
Inguschien
Abchasien
U
Machatsch
Kala
Kutaisi
K
Süd-
Ossetien
Dagestan
A
Schwarzes
Meer
Adscharien
GEORGIEN
Tiflis
S
U
S
Kars
ARMENIEN
ASERBAIDSCHAN
TÜRKEI
Eriwan
Nagornyj
Karabach
Baku
Stepanakert
Nachitschewan
(Aserb.)
100 km
IRAN

Inhalt

EINLEITUNG

Über den Auls, den Gebirgsdörfern der Tschetschenen, weht wieder die Fahne Schamils, des Awaren, des »Löwen von Dagestan«. Schon mehr als zehn Jahre ist es jetzt her, daß die Bewohner der »wilden« Tschetschnja es gewagt hatten, an den großen historischen Führer ihres legendären Aufstandes zu erinnern, der den Russen, den damals von ihnen so genannten »Moskowitern« und »Giauren« (»Ungläubigen«), mit seinen Muriden-Kriegern dreißig Jahre lang in den schwer zugänglichen Hochtälern und abgrundtiefen Schluchten des Kaukasus wahrlich die Hölle heiß gemacht hatte. Das geschah zwischen 1829 und 1859.

Für die muslimischen Krieger Schamils war das ein »Dschihad« gewesen, ein »heiliger Krieg« des Islams, der durchaus den strengen Anforderungen der Scharia, des religiösen Gesetzes dieser Religion, entsprach – im Unterschied zu manchen Eroberungskriegen, die auch der Islam unter dem Vorwand eines »gerechten Dschihads« in seiner langen Geschichte geführt hat. Die Kaukasier verteidigten sich damals mit gutem Recht gegen einen Aggressor, der mit überlegener Heeresmacht in ihr Land eingedrungen war, um es endgültig zu unterwerfen und zu beherrschen.

Der Kaukasus war zu jener Zeit eine Region am fernen Rande Europas, die gleichwohl unter den Nationen des Westens ein lebhaftes Interesse zu wecken verstand, wenn auch aus ganz unterschiedlichen Gründen und mit ganz verschiedenen politischen und strategischen Zielen. Das galt vor allem für Großbritannien, wo man den Freiheitskampf der Bergvölker mit großen Sympathien und teilweise tatkräftiger Unterstützung verfolgte. Englische Fräuleins strickten sogar, wie man bei Lesley Blanche in ihrem Klassiker »Die Säbel des Paradieses« nachlesen kann, wollene Socken für die kaukasischen Krieger, die an Kleidung, Verpflegung, Ausrüstung und natürlich auch an Waffen den damaligen Angreifern, den Truppen des Zaren, hoffnungslos unterlegen gewesen waren. Daß sich die Kaukasier so tapfer gegen eine überlegene Heeresmacht zur Wehr setzten und den Bataillonen des »Herrschers aller Reussen« – während des größten Teils des Feldzuges war dies Nikolaus I., vom Volksmund wegen seiner stattlichen Statur oft »Jupiter« genannt – manche verheerende Niederlage beibrachten, rief bei vielen Engländern unverhohlene Bewunderung, aber auch Schadenfreude gegenüber den Russen hervor, die sich die Angelegenheit offenbar viel einfacher vorgestellt hatten.

Freilich war dies nicht nur »natürlichen« Sympathien mit dem Schwächeren oder gar romantischen Empfindungen geschuldet. Es gab vielmehr ganz handfeste politische und strategische Gründe, die den Muriden-Führer Schamil, der vom Aul von Achulgo und von Chunsach oder Gimri aus den Widerstand lenkte, mit seinen Kämpfern zu Sympathieträgern, ja in gewisser Weise zu Bundesgenossen der Regierung in Whitehall werden ließen. Großbritannien war zu jener Zeit damit beschäftigt, sein ohnehin schon riesiges Weltreich zu arrondieren. Vor allem ging es darum, den Besitz des indischen Subkontinents, der vom Khyber-Paß bis nach Chittagong reichte, zu sichern und unangreifbare Verbindungswege dorthin zu schaffen, galt die Kolonie Indien doch als die kostbarste Perle in der Krone der Königin Viktoria.

Diesen Plänen stellte sich nur ein Hindernis in den Weg: der russische Zar. Die Idee, nach Süden vorzudringen, sich Macht und Einfluß an den Stränden warmer, eisfreier Meere zu sichern, wenn möglich sogar auf die Dardanellen oder zum Persischen Golf vorzustoßen, war nicht neu im Russischen Reich. Schon Peter der Große hatte von solchen Expansionen geträumt und sie, wenigstens zum Teil, in Richtung Süden, auf das Schwarze Meer zu, vorangetrieben, indem er sich dort mit den Osmanen oder ihren tatarischen Vasallen anlegte. Katharina II. hatte diese Politik fortgesetzt. War nicht Istanbul, die Hauptstadt des Osmanenreichs, des islamischen Kalifats, vormals das zweite Rom gewesen? Nannte man es auf russisch denn nicht zu Recht Zargrad, die Stadt des Zaren? Hatte nicht in Konstantinopel, an jener Stelle, wo sich das Schwarze Meer und das Mittelmeer fast berührten, länger als tausend Jahre das orthodoxe byzantinische Christentum geblüht, bevor der Halbmond seine einst glanzvolle Herrschaft zerschlug? Christentum versus Islam, das waren zu jener Zeit »Rechtfertigungen«, die das Handeln mitbestimmten, so wie später die modernen Ideologien.

Großbritannien hatte größtes Interesse daran, ein weiteres Vordringen der Russen in der Region zu verhindern. Es wollte den »russischen Bären«, wie ein bekanntes Bild für das Zarenreich lautete, in seine Schranken weisen. England stützte das Osmanische Reich, trotz oder gerade wegen seiner Schwäche, und wünschte auch einen Sieg der Kaukasier gegen den russischen »Imperialismus«. Der eigene, britische Imperialismus war selbstredend etwas anderes. Londons Botschafter bei der Hohen Pforte galt im gesamten neunzehnten Jahrhundert als der wichtigste Mann des Westens im Reich des Sultans und Padischahs, bevor der deutsche Botschafter ihn in der Rangfolge ablöste.

Heute, am Beginn des einundzwanzigsten Jahrhunderts, ist es im Kaukasus wieder unruhig. Sechs größere Kriege und Bürgerkriege sind seit den Jahren 1989 und 1990 dort geführt worden, von kleineren Scharmützeln ganz zu schweigen. Doch anders als unter den Zaren gehören die Sympathien des Westens nur selten den Kaukasiern, sieht man einmal vom Engagement der Nicht-Regierungsorganisationen (NGOs) ab, die ihre Hilfe unabhängig von der Politik und ihren Zielen zu leisten versuchen. Zwar gibt es gelegentlich auch westliche Kritik an der Kriegsführung, an der Politik und am Verhalten der Russen, doch außer schwächlichen diplomatischen Demarchen und vorsichtig formulierten Aufrufen und Ermahnungen, sich zu besinnen, hat Moskau nichts zu befürchten. Ganz im Gegenteil: Noch als das Rußland Boris Jelzins seinen ersten Krieg in Tschetschenien führte, das heißt Mitte der neunziger Jahre, nahmen die Europäer Moskau hochoffiziell, voller Optimismus und in Gnaden in den Europarat auf. Und die Amerikaner hatten zuvor dem Kreml bedeutet, sie betrachteten trotz ihrer diplomatisch gehaltenen Ermahnungen, die Menschenrechte zu beachten, die Auseinandersetzung Moskaus mit den Tschetschenen doch als eine innere Angelegenheit Rußlands. Spätestens zu diesem Zeitpunkt wußte Jelzin, daß er einen Freibrief hatte. Und er vererbte diesen Konflikt sozusagen an seinen Nachfolger Putin.

Der Westen hatte sich während des Kalten Krieges an eine Stabilität gewöhnt, die zwar auf dem (potentiell tödlichen) atomaren Patt beruhte, aber durch den Charakter einer glaubhaften Abschreckung, die beide Blöcke praktizierten, einen kriegerischen Zusammenprall der damaligen Erzfeinde Kommunismus und Kapitalismus verhinderte. Stellvertreterkriege fanden in weit entfernten Regionen statt. Doch mit dem Ende der Bipolarität, mit dem Zusammenbruch des sogenannten Ostblocks und dem »Sieg« des Westens ist die Welt insgesamt nicht sicherer, sondern sogar wieder gefährlicher geworden. Zunächst verlor Rußland jene muslimischen Regionen in Mittelasien, die man als den »weichen Untergrund« der Sowjetunion bezeichnet hatte: Kasachstan, Turkmenistan, Usbekistan, Kirgisistan und Tadschikistan, dazu Aserbaidschan, Georgien und Armenien. All diese Länder sind heute unabhängig. Doch auch ein großer Teil der Kaukasier nördlich des Hauptkammes dieses Gebirges möchte ihnen nacheifern und seine staatliche Unabhängigkeit erringen. Das ist für die kleinen Völker des zentralen und nördlichen Kaukasus viel schwieriger als für die größeren, die schon Erfolg damit hatten. Es sind ja beileibe nicht nur die Tschetschenen, sondern viele andere auch, die aufbegehren und ihren eigenen Staat gründen wollen.

Die Tschetschenen stehen freilich, wie wir noch sehen werden, nicht ohne Grund im Zentrum des Geschehens. In ihrem ersten Krieg mit den Russen nach dem Zusammenbruch der Sowjetunion konnten sie sich behaupten, ja, sich insgeheim sogar als Sieger über die zwar geschwächte und gelähmte, gleichwohl aber noch immer starke Großmacht fühlen. Zum Zeitpunkt, da diese Zeilen geschrieben werden, haben sie ihren zweiten Krieg gegen die Russen, wenigstens was die Ebene und den Besitz ihrer Hauptstadt Grosnyj angeht, augenscheinlich verloren. Ihre Kämpfer – in Moskau unterschiedslos »Banditen« oder »Terroristen« genannt – sind von der russischen Militärmaschinerie in die Berge des südlichen Tschetscheniens zurückgedrängt worden. Dort setzen sie ihren bewaffneten Widerstand fort, so daß mit einem raschen Ende des Krieges insgesamt nicht zu rechnen ist. Manche sprechen sogar von einem zweiten Afghanistan in den kaukasischen Bergen.

Vieles deutet darauf hin, daß die Völker des Kaukasus, und allen voran eben die Tschetschenen, ihren Freiheitsdrang nicht aufgeben werden. Der Haß gegen die Russen, der sich seit zwei Jahrhunderten aufgestaut hat, wird sich immer wieder Bahn brechen. Der Kaukasus mit seinen Krisen wird eine offene Frage in der künftigen Gesellschaft und Geschichte Rußlands bleiben. Über die Gründe und Ursachen dafür, die teilweise tief in der Vergangenheit wurzeln, möchte dieses Buch berichten. Dabei geht es nicht darum, in allen Einzelheiten die oft schwierige gemeinsame Geschichte der kaukasischen Völker und ihres »Zusammenlebens« mit den Russen darzustellen, sondern die großen Linien in Historie, Politik und Kultur nachzuzeichnen, die das Verstehen der Konflikte erleichtern sollen.

Meinen Kollegen Markus Wehner und Werner Adam danke ich für viele spontane Gespräche, mit denen sie mir geholfen haben, bei vielen Zusammenhängen größere Klarheit zu gewinnen. Dem Verlag danke ich für den ehrenvollen Auftrag, ein solches Manuskript abfassen zu dürfen.

KAPITEL 1

Jelzin, Putin und die kaukasischen »Banditen«

Anfang Februar des Jahres 2000 verkündete der Interimspräsident Wladimir Putin, der wenige Wochen darauf, am 26. März, durch seinen Sieg bei den Präsidentschaftswahlen auch offiziell zum Staatspräsidenten und damit endgültig zum »starken Mann« Rußlands werden sollte, das widerspenstige Grosnyj sei gefallen, die »Banditen« aus der Hauptstadt Tschetscheniens endgültig vertrieben. Doch man werde sie, so fügten russische Militärs offen hinzu, weiterhin jagen, bis man sie endgültig vernichtet habe – in den südlichen Bergen Tschetscheniens wie östlich der Hauptstadt. Tatsächlich hatten sich da die »Rebellen« schon in der Gegend von Argun, Urus Martan, Schatoj oder Wedeno verschanzt. Besonders Wedeno, die Heimat des bekanntesten tschetschenischen Feldkommandeurs, Schamil Bassajew, gilt als die heimliche Hauptstadt des Landes mit einer relativ langen Geschichte des Widerstandes gegen die Russen, während die Großstadt Grosnyj im Grunde eine Gründung der Russen selbst ist. Als die Soldaten Moskaus nach Grosnyjs Fall die Stadt durchkämmten, hatten sich die meisten Tschetschenen, sofern sie nicht getötet worden waren, davongemacht, die Zivilisten in das benachbarte Inguschetien oder nach Dagestan, die Kämpfer in die Berge. In dem kleinen Inguschetien mit seiner Hauptstadt Nazran, das selbst nur etwa 100 000 Einwohner zählt, klopften innerhalb weniger Tage und Wochen fast 200 000 Flüchtlinge an die Tür und begehrten Aufnahme.

»Grosnyj ist eine Wüste aus Stein, Schrott und Erde. Kein Haus ist in dieser Stadt heil geblieben, als der Kreml Feuer auf sie regnen ließ. Damals verging keine Minute ohne den Lärm der Zerstörung. Nun herrscht Stille in den Ruinen, die Luft ist vergiftet von Qualm. Gähnende schwarze Löcher sprechen Hohn, aus einigen hängen schlaffe Gardinen ... Die Stadt scheint ausgestorben, ein Trümmerfeld«. schrieb Markus Wehner, Korrespondent der Frankfurter Allgemeinen Zeitung, am 14. März nach einem persönlichen Augenschein. Am selben Tag gab Moskau triumphierend bekannt, man habe Salman Radujew gefangengenommen, einen der bekanntesten und berüchtigtsten Feldkommandeure der Tschetschenen. Er sei nach Moskau »verbracht« worden. Dann hörte man nichts mehr von ihm. Wehner hielt sich wenig später auch in Nazran auf und beobachtete dort die Leiden der Flüchtlinge und beschrieb die Sorgen der Inguschen vor einer Ausweitung des Krieges.

Putin hielt in jeder Hinsicht Wort: Im März und auch im April, das heißt nach der Präsidentschaftswahl, berichteten die internationalen Medien immer wieder über schwere Kämpfe in den – teilweise noch winterlich verschneiten, deshalb unzugänglichen – Gebirgsregionen Tschetscheniens, wohin sich zuvor Tausende von Kämpfern geflüchtet hatten. Mehrfach wurde gemeldet, die Truppe der Rebellen sei ihrem Ende nahe, doch blieben Zahlen über Verluste an Menschen und Material immer mit Vorsicht zu genießen – und zwar auf beiden Seiten: Neigten die Russen dazu, die Anzahl der Toten unter den Tschetschenen höher einzuschätzen und die eigenen Verluste zu beschönigen, so herrschte bei letzteren die Tendenz zum Abwiegeln vor. »Die Zahlenangaben unserer Leute sind unglaubwürdig«, sagten russische, gerade einmal achtzehn Jahre junge Wehrpflichtige gegenüber internationalen Journalisten: »Der Krieg ist die Hölle.« Nach der vollständigen Zerstörung von Grosnyj konnte man dann hören, in Zukunft solle vielleicht Gudermes, die zweitgrößte Stadt, die Hauptstadt des »neuen Tschetscheniens« werden, die alte Hauptstadt wolle man »sich selbst überlassen«.

Ungefähr zur selben Zeit besaß Putin den Zynismus, eine Kommission für die Achtung der Menschenrechte in Tschetschenien unter der lockeren Führung eines Menschenrechtsbeauftragten namens Wladimir Kalamanow einzusetzen – gerade zu jenem Zeitpunkt, da Bilder und Filme von russischen Massakern an Tschetschenen bekannt wurden. Der Kreml bezeichnete diese Dokumentationen, die ein deutscher Fernsehjournalist auf fragwürdige Weise beschafft hatte, selbstredend als Fälschungen. Gefälscht waren die Fotos von grausam zugerichteten Leichen von Tschetschenen zwar nicht, aber es konnte nicht mit letzter Sicherheit geklärt werden, was genau mit diesen Menschen geschehen war und wer die Schuld daran hatte. Wenige Wochen zuvor hatte der Kreml selbst Filme in westliche Länder lanciert, die brutale Morde an den Russen durch Tschetschenen zeigten – Dokumente auch dies, die von den Tschetschenen ihrerseits als Fälschungen des russischen Geheimdienstes bezeichnet worden waren. Am 2. März berichtete der russische Journalist Andrej Babizkij, der nach seiner Festnahme durch die eigenen Truppen und einem Tauschgeschäft zwischen Russen und Tschetschenen freigekommen war, in Moskau über die brutale Kriegsführung seiner Landsleute, aber auch über andere Grausamkeiten beider Seiten. Er erwähnte auch, daß die Russen ein »Konzentrationslager« für Tschetschenen errichtet hätten, über das freilich hinterher nichts Näheres bekannt wurde. Was der Reporter des Senders »Liberty« tat, das heißt, kritisch über den Krieg zu berichten, galt in Moskau als Landesverrat. Jedenfalls in den offiziellen Kreisen.

Alle drei Ereignisse sind typisch. Der zweite Tschetschenienkrieg war viel kürzer als der erste – der immerhin fast vier Jahre gedauert hatte – , besaß allerdings eine viel größere Intensität des Hasses, die sich in den schweren Kämpfen, vor allem jedoch in vielen einzelnen Bestialitäten und in der schrillen und grellen Totschlag-Propaganda beider Gegner, mehr jedoch jener der Russen zeigte. Im ersten Krieg hatten die Russen anfangs die Sache noch auf die leichte Schulter genommen und am Ende dafür die Quittung präsentiert bekommen. Die russischen Offensiven waren steckengeblieben, viele junge Soldaten Opfer der erfahrenen und des Geländes kundigen tschetschenischen Mudschahedin geworden, die sich mehrheitlich als Glaubenskämpfer für den Islam verstanden, während die Soldaten Moskaus nur gering motiviert gewesen waren. Die Verluste der Russen waren so hoch, daß sich bald ein Komitee der Soldatenmütter gründete, dessen Mitglieder sogar in Richtung Tschetschenien zogen und lauthals das Ende der Kämpfe forderten. Auch russische Reformpolitiker in Moskau stimmten zu jener Zeit in diesen Chor mit ein. Hinzu kam, daß Feldkommandeure wie der berüchtigte Schamil Bassajew oder Salman Radujew den Russen durch Geiselnahmen und Entführungen wie derjenigen von Perwomajskoje und Budjonnowsk so sehr zusetzten, daß das schließlich von dem General und Politiker Alexander Lebed mit Aslan Maschadow ausgehandelte Waffenstillstandsabkommen von Chasawjurt von Anfang September 1996 im Grunde genommen als tschetschenischer Sieg über die Großmacht angesehen werden konnte.

Diese Scharte wollten Boris Jelzin und danach sein politischer Ziehsohn Wladimir Putin im zweiten Tschetschenienkrieg für jeden sichtbar auswetzen. Medienwirksam setzte sich Putin sogar selbst in einen Kampfflieger oder zeigte sich anderweitig persönlich an der Front. Die Moral der Armee sollte gestärkt werden. Von Beginn an wurde vom russischen Hauptquartier in der Stadt Mozdok strategisch ernsthafter vorgegangen, man bemühte sich, die eigenen Verluste an Menschen und Material so gering wie möglich zu halten. In wenigen Wochen hatten die schwer bewaffneten russischen Einheiten sich den Weg bis Grosnyj freigekämpft und die Stadt schließlich, nach mörderischen Bombardements, eingenommen. Grosnyj ist heute eine Geisterstadt. Von Artillerieeinschlägen durchsiebte Häuser stehen kahl und verlassen da. Nur schwer kann man sich vorstellen, daß innerhalb seiner Mauern dereinst wieder Leben erblühen könnte. In der Tat, diesmal war man zielstrebig vorgegangen; und Wladimir Putin war seinem Ruf, ein systematischer Arbeiter zu sein, den er sich im Sicherheitsapparat der ehemaligen Sowjetunion erworben hatte, gerecht geworden. Der Sicherheitsdienst hatte ihn groß gemacht.

Warum diese Raserei?

Doch wie ist diese Raserei überhaupt zu erklären? Wie kommt es dazu, daß sich Tschetschenen und andere kleine Völker des Kaukasus – denn dieser Krieg war ja nur der vorläufige Höhepunkt einer ganzen Reihe blutiger bewaffneter Auseinandersetzungen in der Region – zu einem bewaffneten Widerstand der geschilderten Art gegen die russische Großmacht hinreißen lassen, wo sie doch wissen müssten, daß sie militärisch hoffnungslos unterlegen sind? Und wie erklärt es sich, daß auch die Russen gegebenenfalls alle rationale und zivile Politik fahren lassen und nur noch auf blindwütige Gewalt setzen, auf die Gefahr hin, wie einstmals die Amerikaner mit ihrem wenig ruhmreichen Vietnamkrieg als größter Aggressor in der Weltpolitik angesehen zu werden?

Man muß zugeben, daß die Situation für Moskau nicht einfach ist. Die Russen erleben seit der Ära Michail Gorbatschows, seit Glasnost und Perestrojka, den Beginn einer Entwicklung, welche die westlichen Mächte in der zweiten Hälfte des zwanzigsten Jahrhunderts schon hinter sich gebracht haben: die Auflösung ihrer vormals riesigen Kolonialreiche. Sowohl die Franzosen als auch die Engländer, die Niederländer und die Spanier wie auch die Portugiesen verloren innerhalb weniger Jahrzehnte jene Besitzungen, die sie auf beinahe allen Kontinenten seit dem sechzehnten Jahrhundert (friedlich erworben oder durch militärische Gewalt) an sich gebracht hatten. Dieser Prozeß, gegen den sie sich anfangs natürlich innerlich sperrten, vollzog sich nur im Indien Mahatma Gandhis gewaltfrei – eine große Ausnahme im sonst eher blutigen Geschäft der Entkolonialisierung.

Diesen Prozeß durchleben nun, an der Schwelle zum neuen Jahrtausend, die Russen in all seiner Schärfe. Noch vor wenigen Jahren hätten sie sich niemals träumen lassen, daß auch sie Zeuge jener Auseinandersetzungen werden würden, die sie zuvor nicht ohne eine gewisse Schadenfreude, ja Häme, entweder unbeteiligt beobachtet oder teilweise sogar ideologisch und materiell gefördert hatten. Nun sind sie an der Reihe. Nach dem Ende der Bipolarität machten sich die baltischen Staaten aus der vormaligen Sowjetunion, der Union der Sozialistischen Sowjetrepubliken (UdSSR), davon, auch die Ukraine und schließlich sogar Weißrußland. Georgien hatte sich schon vier Monate vor der Ukraine, im April 1991, für unabhängig erklärt, Armenien folgte mit seinem Referendum im September 1991. Daß das vom Islam geprägte Aserbaidschan im Transkaukasus, dazu die muslimischen Republiken Turkmenistan, Usbekistan, Kasachstan, Kirgisistan und Tadschikistan ebenfalls diesen Schritt unternahmen, überraschte niemanden mehr. Erstaunlicher mag für manche Beobachter gewesen sein, daß auch das christliche Armenien und Georgien, die in früheren Zeiten in den Russen bisweilen – und dies, wie wir noch sehen werden, nicht ohne Grund – so etwas wie eine Schutzmacht gesehen hatten, sich am Ende dann doch für ihre Unabhängigkeit entschieden. Gewiß: Moskau versucht, über die Organisation der GUS, die Gemeinschaft Unabhängiger Staaten, seinen Einfluß wieder zu festigen; doch daß man diese Länder verloren hat, ist einstweilen nicht zu ändern. In Tadschikistan, Georgien und Armenien stehen immerhin noch russische Truppen, so daß man hofft, dort größere Einflußmöglichkeiten zu haben als anderswo im ehemaligen Herrschaftsgebiet. Im Unterschied zu den Georgiern und Armeniern ist es den geschickten Politikern der Aseris in Aserbaidschan gelungen, sich der russischen Truppen endgültig zu entledigen. Darauf ist man nicht wenig stolz in der Hauptstadt Baku. Wir werden sehen, daß diese militärische Abwesenheit manchen politischen Denkschulen der Russen alles andere als recht ist.

Der Kreml befindet sich in einem wirklichen Dilemma. Natürlich wissen die russischen Politiker Bescheid über den Charakter jener Aufstände, die den Kaukasus seit den armenisch-aserbaidschanischen Kämpfen um Berg-Karabach (seit etwa 1988), seit dem Abchasienkrieg in Georgien (1989–1993), seit dem parallel dazu verlaufenden Krieg zwischen Georgiern und Osseten und den vielen anderen Zusammenstößen erschüttert haben. Zumindest die Klügeren unter ihnen begreifen, daß es sich um einen mehr oder weniger gewalttätigen Prozeß neokolonialistischer Auf- oder gar Loslösung handelt. Die meisten Völker des Kaukasus wollen nicht mehr Untertanen der Russen sein, oder doch wenigstens zu ganz anderen, mehr von ihnen diktierten und akzeptierten Bedingungen. Die Russen sollen sie wenigstens nach ihren Sitten und Gebräuchen leben lassen, anstatt sie umzuerziehen. Der neokoloniale Kehraus, der zuvor die westlichen Länder betroffen hat, ist nun bei Rußland angelangt. Jene Vorwürfe, die man in kommunistischer Zeit, das heißt nach der Oktoberrevolution des Jahres 1917, über Jahrzehnte hinweg gegenüber dem »westlichen Imperialismus« erhob, schlagen nun auf Moskau selbst zurück. Dies verletzt aber nicht nur das Selbstwertgefühl, den nationalen Stolz, sondern wirft auch handfeste politische Probleme auf, die nicht einfach zu behandeln sind. Soll Moskau rein politisch agieren? Oder ist die militärische »Gegenwehr«, faktisch die Aggression, wie im Falle Tschetscheniens, nicht doch nötig, das heißt der bessere, wenn auch unpopulärere Weg?

Ein struktureller Nachteil

Die Russen, das heißt heute die Russische Föderation und ihre Bewohner, haben in jedem Fall gegenüber den vormaligen westlichen Kolonialmächten einen enormen strukturellen Nachteil. Als die westlichen Kolonialmächte sahen, daß sie ihre Kolonien nicht länger halten konnten, beschlossen sie, diese aufzugeben, und zogen sich über die Ozeane in ihre Stammländer zurück. Diese, oft viele tausend Kilometer von den Kolonien entfernt und meistens jenseits der Meere gelegen, blieben in der Substanz unberührt. Rußland hingegen ist ein gewaltiger, zusammenhängender Landblock, der sich über insgesamt elf Zeitzonen erstreckt. Dieses gewaltige Reich ist von den Russen seit Beginn des sechzehnten Jahrhunderts stetig vergrößert worden, durch Handel und Entdeckungsreisen, aber auch durch Gewalt. Die Zaren selbst sprachen, wenn sie ihre Expansionspolitik charakterisierten, vom »Sammeln fremder Länder«. Auch die heutige Russische Föderation, obschon kleiner als die Sowjetunion, wird noch immer von mehr als hundert Völkern und Stämmen bewohnt, von denen eine nicht geringe Anzahl eben keine Slawen sind – und auch keine Christen. Unter den etwa hundertsiebzig Millionen Einwohnern zählen auch sie nach vielen Millionen. Alleine in der Acht-Millionen-Hauptstadt Moskau sollen etwa eine Million Muslime leben; sie sind gewiß keine Fundamentalisten, aber doch eben Muslime. Der Kreml fürchtet einen Domino-Effekt für den Fall, daß er – über die schon abgegebenen Länder hinaus – noch weitere Gebiete und Regionen verlieren sollte, so vor allem auch im unruhigen Kaukasus. Muslime wohnen darüber hinaus an der Wolga, im Gebiet von Kasan, der Hauptstadt von Tatarstan, jedoch auch weiter im Osten, nördlich der Grenze des heutigen Kasachstan. Dort erstreckt sich zum Beispiel das Siedlungsgebiet der türkischen Baschkiren, Baschkortostan, mit seiner Hauptstadt Ufa, das sich bis weit nach Osten ausdehnt. Doch es sind beileibe nicht nur muslimische Minderheiten und Ethnien, auf die eine fortgesetzte und erfolgreiche Irredenta der kaukasischen Völker anstekkend wirken könnte. Auch die in der Region von Astrachan siedelnden Kalmücken, ein mongolisches Volk, geben sich unter ihrem jungen »Präsidenten« selbstbewußt und streben nach Eigenständigkeit, wie viele andere Ethnien auch. Bedeutet das auf lange Sicht nicht den Zusammenbruch auch der Russischen Föderation? Kann Moskau das hinnehmen, ohne daß großer Schaden entsteht, vom Selbstbewußtsein und dem Patriotismus der Russen einmal ganz abgesehen?

Daß solche Befürchtungen der Russen keine reinen Hirngespinste sind, sondern durchaus reale Szenarien, macht folgendes Ereignis deutlich: Als im Frühjahr des Jahres 1999 der russische Staatspräsident Jelzin darüber nachdachte, ob Moskau nicht reguläre Armee-Einheiten zur Unterstützung der serbischen Streitkräfte im Kosovo-Konflikt abstellen sollte, drohte ihm der Provinz-Präsident von Tatarstan, Schaimijew, ganz unverhohlen. Falls dies geschähe, sähe er sich gezwungen, freiwillige Kämpfer seiner muslimischen Kasan-Tataren zur Unterstützung der muslimischen albanischen Brüder auf den Balkan zu entsenden. Man sieht: Siebzig Jahre Sowjetherrschaft haben es nicht vermocht, den Freiheits- und Unabhängigkeitsdrang der nichtrussischen Völker zu brechen, ebenso wenig den Zusammenhalt, den die islamische Religion (Religion hier im weitesten Sinne verstanden) ihnen zu bieten vermag.

Freilich wird die Angelegenheit noch dadurch kompliziert, daß längst nicht alle Angehörigen der hier in Rede stehenden Völker glühende Verfechter der nationalen Unabhängigkeit sind. Auch heute noch kann Moskau durchaus auf die Mitarbeit von vielen Nichtrussen zählen, die zwar keine Untertanen Moskaus im alten Sinne mehr sein wollen, sich aber von einem Zusammengehen oder Zusammenbleiben mit der noch immer mächtigen Russischen

Föderation Vorteile versprechen, für ihre Person wie für ihre gesamte Ethnie. Zu ihnen gehören in Tschetschenien Personen wie der ehemalige Moskauer Parlamentspräsident Ruslan Chasbulatow, ein Tschetschene von Geburt, der nach der welthistorischen Wende in seiner Heimat auch brav die Pilgerfahrt nach Mekka machte, und andere, die abwarten, was in Zukunft geschieht. Ob er in Tschetschenien eine Chance für ein politisches Comeback hat, müssen die kommenden Jahre erst noch zeigen. Chasbulatow hält sich zurück, während Moskau sich in den kriegerischen Auseinandersetzungen mit Tschetschenien auf gewiße Kräfte stützen konnte, die von den übrigen Tschetschenen schlicht als Kollaborateure und Verräter angesehen wurden. Wir werden darauf noch zurückkommen. Ende April 2000 unternahm der Kreml ganz offen den Versuch, einen Gegenkandidaten zu Präsident Maschadow aufzubauen, der zu allem Überfluß auch noch auf russischer Seite gekämpft hatte: vergebliche Liebesmüh.

Auch die Tschetschenen sind also zerstritten. Traditionelles Clanwesen und Familienfehden spielen eine wichtige Rolle in den Bergen und Ebenen der Tschetschnja. Persönliche Animositäten und Aspirationen kommen hinzu. So ist der durchaus fähige, im Grunde auch moderate Präsident des heutigen Tschetschenien Aslan Maschadow, zwar ein hundertprozentiger Verfechter von Tschetscheniens Unabhängigkeit, doch mit einigen Feldkommandeuren, wie zum Beispiel Schamil Bassajew, hat er trotzdem nur wenig gemein. Sie sind ihm in ihren Ansprüchen und auch in ihrer Taktik und Kampfesweise zu radikal. Am Ende des zweiten Tschetschenienkrieges argumentierten viele junge Tschetschenen in derselben Weise wie Maschadow: Sie seien zwar für die Unabhängigkeit und das Selbstbestimmungsrecht ihres Volkes, aber nicht zu jedem Preis, wie viele Feldkommandeure vom Schlage Bassajews, die jegliche Menschenopfer akzeptieren. Das blutige Engagement dieser islamistischen Fanatiker, die die Zahl der Toten gering achten, wird von vielen abgelehnt. Manche Kaukasier vertreten sogar die Meinung, solcherart Fanatismus und religiöser Eifer bis hin zum kaum noch zu steuernden Paroxysmus einer islamischen Märtyrer-Ideologie sei ein Produkt jener »Afghanen«, das heißt jener islamischen Kämpfer, die zuvor an anderen Schauplätzen, wie dem Hindukusch, gegen die Russen gekämpft hatten und dann in die kaukasischen Berge gegangen waren. Gemeint sind Männer aus Algerien und Afghanistan, Ägypten oder Syrien, oder – wie der berüchtigte Feldkommandeur Chattab – aus Jordanien. Ob solche Behauptungen zutreffen, ist jedoch angesichts der eigenen, kaukasischen Traditionen des Dschihads, des »heiligen« Abwehrkrieges der Muslime, durchaus fraglich.

Eine Spirale des Hasses

Doch was sollen die Russen tun? Es wird ihnen ohne Zweifel gelingen, das unruhige Tschetschenien auf eine äußerliche Weise zu »befrieden«. Dies ist dann jedoch eine Friedhofsruhe, die an der eigentlichen politischen, ethnischen und religiösen Konstellation nichts ändert. Im Gegenteil: Der ohnehin schon enorme Haß der Tschetschenen und anderer Kaukasus-Völker, die auf Ähnliches sinnen, wird sich ins Unermeßliche steigern und nach einer gewißen Frist des Atemschöpfens wieder ungehemmt hervorbrechen. Die Tschetschenen wissen sich dabei der hundertprozentigen Solidarität der Umma, der weltumfassenden Gemeinde aller Muslime, deren Zahl mehr als eine Milliarde beträgt, sicher. Und den Verlust an kampffähigen Männern werden sie bald wieder ausgeglichen haben. Auf lange Sicht muß sich Moskau, wie nach dem ersten Krieg, mit den Tschetschenen an einen Tisch setzen, um Mittel und Wege zu finden, wie man zukünftig politisch miteinander umgehen soll. Diese Lösung müßte jedoch tragfähiger sein als die erste, die von Maschadow und Lebed in ziemlicher Eile ausgehandelt worden war. Sonst droht auf Jahre hinaus ein Guerillakrieg von ungeahnter Heftigkeit.

Ob es dazu kommen wird, ob man in der Lage sein wird, eine langfristige politische Pazifizierungsstrategie für Tschetschenien und die gesamte Region zu entwickeln, die den Interessen der Russen ebenso gerecht wird wie denjenigen der Tschetschenen, ist freilich fraglich. Was den zweiten Tschetschenienkrieg noch bedenklicher erscheinen ließ als den ersten, war die kaum verhüllte Taktik, ihn für innenpolitische Machtkämpfe und Stabilisierungsbemühungen zu instrumentalisieren. Das tat zuerst einmal Jelzin, dann sein gelehriger Schüler Putin. Es ist kaum übertrieben, wenn man sagt, daß sein rigoroses Vorgehen im Kriege den eigentlich recht farblosen Putin zum »Mann der Menge« werden ließ, so daß Präsident Jelzin mit einem Male wußte, wen er dem frustrierten russischen Volk als Nachfolger zu präsentieren hatte. Auffällig war auch, wie sehr dieser Krieg den Russen offenbar half, die Enttäuschung über die zehn Jahre einer Entwicklung zu vergessen, die ihnen zwar ungeahnte Freiheiten, aber auch die Zerstörung der alten, lieb gewordenen Ordnung eingebracht hatte. Hinzu kamen die sozialen Verwerfungen, das heißt die Verarmung breiter Massen, sowie der Machtverlust, den Moskau international zu erleiden hatte. Durch Putins »Erfolge« im Tschetschenienkrieg fanden viele Russen, so schien es, wieder einen neuen Punkt und Halt für eine nationale Identifikation. So wurde der Krieg mit seinen hohen Verlusten – die man allerdings lange Zeit zu bagatellisieren versuchte – von Macht- und Realpolitikern über Gebühr instrumentalisiert.

Begehrlichkeit nach Rohstoffen

Es gibt jedoch noch andere Gründe, die dieses blutige Ringen erklären, vor allem auch die Intensität, mit der die Russen heute einem Abdriften des restlichen Kaukasus – nachdem sie Transkaukasien schon verloren haben – wehren wollen. Der Kaukasus, der schon um die Jahrhundertwende – man denke an Baku und das Öl von Aserbaidschan – wegen seiner Rohstoffe begehrt gewesen war, ist auch heute wieder aus demselben Grund zu einem Objekt der internationalen strategischen Begierde geworden. Rußland, das darin mit anderen Mächten wetteifert, möchte, wenn schon nicht den totalen Zugriff, dann wenigstens die teilweise Kontrolle über die Erdölströme behalten, die aus Mittelasien und über den Kaukasus nach Westen, in die Türkei und nach Europa, zu fließen beginnen. In Baku steht man, wenn alle Planungen in die Tat umgesetzt werden können, vor einem Erdölboom sondergleichen, der das Land Aserbaidschan in eine bessere Zukunft katapultieren soll. Moskau möchte auch mit zum Schwarzen Meer führenden Ölleitungen teilhaben an den künftigen Geschäften und Gewinnen aus dem neuen »Great game«, in dessen Beziehungsgeflecht längst auch der Kaukasus in den Köpfen der Strategen eingebunden ist. Daß Moskaus Rivalen, vorab die Amerikaner und die Türken, beschlossen haben, eine Pipeline auf südlichem Wege zu bauen, die bei Ceyhan, in der Nähe des türkischen Mittelmeerhafens Iskenderun (früher Alexandrette), enden soll, war von Boris Jelzin schon als schmerzliche Niederlage empfunden worden. Hinzu kommt, daß Tschetschenien selbst reich ist an Quellen des schwarzen Goldes, die die Russen nur zu gern für sich ausbeuten und finanziell nutzbar machen würden. Nicht zum geringen Teil haben die Tschetschenen während der beiden Kriege ihre Waffen- und Vorratskäufe mit Einnahmen aus dem eigenen Erdöl finanziert. Als sie sich unter dem massiven Druck der russischen Militärmaschine in die Berge zurückziehen mußten, steckten sie, wie seinerzeit der irakische Diktator Saddam Hussein, als er Kuwait verlassen mußte, die Erdölquellen in Brand. Noch viele Wochen nach dem Vordringen der Russen war ein Teil dieser überdimensionalen Fackeln nicht gelöscht, und der Himmel von schwarzem Rauch verdunkelt, der von den Bohrstellen aufstieg.

Zur Kontrolle gehört für Moskau zudem nach wie vor, seinen Einfluß in den drei unabhängig gewordenen transkaukasischen Republiken Armenien, Georgien und Aserbaidschan zu wahren, vor allem in den beiden erstgenannten. Diese Kontrolle entglitte Rußland um so mehr, je mehr es aus dem zentralen und nördlichen Kaukasus verdrängt würde. Eriwan und Tbilissi (Tiflis) sind zwei Städte, mit deren jüngerer Vergangenheit die Geschichte Rußlands zutiefst verbunden ist. Da will man, soweit es geht, auch hinfort politischen Einfluß, ja falls nötig sogar Druck ausüben. Gerade die kleinen Kriege in Georgien seit Beginn der neunziger Jahre haben gezeigt, wieviel Einfluß die Russen politisch wie militärisch in der gesamten Region noch entfalten können.

Umgekehrt ist zu bedenken, daß ihre Gegner in den transkaukasischen Republiken Politiker sind, die sich in der alten kommunistischen Führungsstruktur der Sowjetunion, der Nomenklatura, hochgedient hatten und auch jetzt noch in der Lage sind, virtuos jene Beziehungen und Verbindungen aus früheren Tagen zu nutzen: als eine Art logistisches Netz der eigenen Interessen, das viele Maschen von unterschiedlicher Größe enthält. Die bekanntesten dieser Figuren sind Eduard Schewardnadse, vormals sowjetischer Außenminister unter Gorbatschow, jetzt Präsident Georgiens, sowie der Aserbaidschaner Gajdar (Haydar) Alijew, früher KGB-Chef seines Landes und einziges »muslimisches« Politbüro-Mitglied in Moskau, jetzt Staatspräsident Aserbaidschans. Beide alterfahrenen Männer haben es bislang verstanden, ihre jeweils jungen Republiken aus den meisten Turbulenzen entweder heraus oder doch wenigstens in einem mehr oder weniger stabilen Gleichgewicht zu halten. Doch gilt dies für Aserbaidschan mehr als für Georgien, wo man sich noch immer große Sorgen macht, grenzt das Land doch direkt an Tschetschenien.

Gespannte Ruhe in Transkaukasien

Die Region südlich des Kaukasus-Hauptkammes ist nun nach heftigen Eruptionen Ende der achtziger Jahre und in der ersten Hälfte der neunziger in ein Stadium der »ungewißen Nicht-Spannung« eingetreten, die freilich – etwa in Georgien – jederzeit wieder in Gewalt umschlagen kann. Dafür ist die Spannung im Norden des Kaukasus gewachsen. Schon Mitte der neunziger Jahre konnte man von Reisenden vernehmen, im Grunde sei das gesamte Gebiet südlich der Stadt Rostow am Don, die man als das »Tor zum Kaukasus« bezeichnen kann, von Unruhe und sogar Anarchie befallen. Die Autorität des Staates beginne sich aufzulösen, gelegentlich gerate man in die Fänge umherziehender »Banden«, die Besuchern gewaltsam Wegezoll oder andere Abgaben abpreßten. Auf diesem Hintergrund erweist sich das Gerede Moskaus von »Banditen« als nicht ganz unbegründet. Unter den politischen Vorzeichen stimmt es freilich nicht, handelt es sich doch um politische und soziokulturelle Konflikte, deren Wurzeln teilweise tief in die Geschichte zurückreichen. Daß andererseits unter den Kaukasiern einige schon früh begannen, die entstehende Anarchie auch für Ziele auszunutzen, die mit Politik gar nichts, mit Verbrechen und Bandenkriminalität hingegen alles zu tun hatten, gehört ebenso zu den unbequemen Wahrheiten über all diese kaukasischen Konflikte und Krisen.

Schon in sowjetischer Zeit standen die Kaukasier unter den Russen im Ruf, mafiose Strukturen aufzubauen und diese für eigennützige Zwecke zu instrumentalisieren. Man sprach von der Taschkenter Mafia ebenso wie von der aserbaidschanischen Mafia. In den achtziger Jahren kam die tschetschenische Mafia hinzu, die ihre Netze nach dem Fall der Mauer sogar bis nach Mitteleuropa auswerfen konnte. In Moskau, so berichteten in den neunziger Jahren immer wieder Korrespondenten, wachse die Aversion gegen die »Schwarzen«, womit eben die Kaukasier gemeint waren, bis an den Rand der Hysterie. Nachdem die Tschetschenen unter ihrem selbsternannten Führer Dschochar Dudajew, einem ehemaligen sowjetischen Fliegergeneral, mit der Sezession begonnen hatten, intensivierten die russischen Sicherheitskräfte in den großen Städten des Landes, vor allem in Moskau, ihr Vorgehen gegen die »Schwarzen«. Das bedeutete nicht nur, die Kaukasier zu observieren, sondern »verdächtige Elemente« sofort aus der Stadt zu weisen, wenn es sein mußte, auch mit Gewalt.

Hierzu gehört auch, daß sich unter den Russen, je weiter sich die politische Entwicklung ins Krisenhafte steigerte, eine mehr und mehr rassistische Attitüde gegenüber den Menschen aus dem Kaukasus ausbreitete. Bald kursierten in Moskau Kaukasier- und Tschetschenen-Witze, die es an Unflätigkeit und Bösartigkeit mit jenen Judenwitzen aufnehmen konnten, die man sich im Deutschland der Nationalsozialisten erzählt hatte. Diese Stimmung erreichte ihren Höhepunkt, als zwei in der Tat mörderische Sprengstoffanschläge in Moskau im August und September 1999 zahlreiche Menschenleben, wahrscheinlich mehr als zweihundert, forderten. Nicht nur Volkes Stimme, sogar die Regierung beschuldigte ganz offiziell tschetschenische Terroristen, diese Bluttaten ausgeführt zu haben. Eindeutige Beweise gibt es bis heute nicht. Zwar ist nicht ausgeschlossen, daß Tschetschenen als Reaktion auf das heftige Vorgehen der Russen gegen ihre Landsleute zu diesem Mittel gegriffen haben (angedroht hatten sie es jedenfalls), doch manches spricht auch dafür, daß es Taten von »agents provocateurs« gewesen sein könnten, die den Auftrag hatten, den Russen einen Vorwand zum Losschlagen in Tschetschenien zu liefern. Träfe dies zu, dann hätte Jelzin ein in der Tat unsagbar zynisches Spiel mit Menschen getrieben.

Ein bestellter Krieg?

Im selben Sommer, am 1. August 1999, waren nämlich Kommandotrupps von Tschetschenen, angeführt von Schamil Bassajew und dem Jordanier Chattab, von ihrer Heimat aus in das benachbarte Dagestan eingedrungen, um dort die Revolution mit dem Ziel, einen islamischen Staat zu etablieren, anzufachen. Rückblickend war dies ein verhängnisvoller Fehler der Tschetschenen, der sich nur aus Ungeduld und dem religiösen Fanatismus der islamistischen Protagonisten erklären läßt. Die islamistische Ideologie der Eindringlinge verlangte offenbar, daß man sich nicht mit der weitgehenden Eigenständigkeit und Unabhängigkeit Tschetscheniens unter Aslan Maschadow zufriedengab, sondern zu neuen islamisch-revolutionären Taten schritt.

Es gibt allerdings noch eine andere Version über die Hintergründe dieser Invasion: Hintermänner Moskaus hätten sie bei Bassajew sozusagen »bestellt« und so einen Vorwand für den Krieg erhalten. Und Bassajew sei darauf eingegangen, um seine innertschetschenischen Rivalen, insbesondere Maschadow, loszuwerden. Bei einem Geheimtreffen zwischen Bassajew und einem Abgesandten Moskaus in Dagestan, genauer: in dessen Hauptstadt Machatschkala, sei ein solches Vorgehen verabredet worden. Ob richtig oder nicht, jedenfalls war mit dem Eindringen in Dagestan aus russischer Sicht der Rubikon überschritten. Offenbar hatten die Eindringlinge sich auch verkalkuliert, was die Reaktion der dagestanischen

Bevölkerung anging. Zwar war dort in den neunziger Jahren immer wieder davon gesprochen worden, sogenannte »Wahhabiten« heizten die Stimmung in einem islamisch-revolutionären Sinne an; doch dies waren wohl Übertreibungen gewesen. Die Mehrzahl der dagestanischen Bevölkerung, die sich aus wenigstens dreißig Völkern und Ethnien (siehe Kapitel fünf) zusammensetzt, war nicht gewillt, den radikalen tschetschenischen Predigern zu folgen. Im Unterschied zu Tschetschenien, wo der Islam erst im siebzehnten und achtzehnten Jahrhundert flächendeckend Fuß gefaßt hatte, ist das zwischen dem Hauptkamm des Kaukasus und dem Westufer des Kaspischen Meeres gelegene Dagestan ein uraltes Kulturland der islamischen Welt, in dem sich die Religion des arabischen Propheten Mohammed schon im siebten und achten Jahrhundert verbreitet hatte. Bereits in sowjetischer Zeit hatte sich in der dagestanischen Hauptstadt Machatschkala das für die Muslime des Kaukasus zuständige Muftiat befunden, in dem gelehrte Muslime einen auf Ausgleich mit der Sowjetmacht zielenden Islam aus dem Koran und der Sunna, der Gewohnheit des Propheten, herausinterpretiert hatten. Das Muftiat in Machatschkala war eines von vier sowjetischen Muftiaten gewesen, deren andere in Taschkent, Ufa und Moskau residiert hatten. Daneben hatte sich auch in Dagestan, wie anderswo, der sogenannte »Parallel-Islam« der Sufis, der Mystiker mit ihren Bruderschaften (siehe Kapitel fünf), behauptet und erhob nun nach der weltpolitischen Wende sein Haupt. In Dagestan freilich ist der Islam bei der großen Mehrheit der Bevölkerung eher eine Angelegenheit gelebter religiöser Traditionen als eines orthodox-fundamentalistischen Dogmas. Sogar Reste alter kaukasischer Urreligion haben sich hier und da erhalten. Beobachter waren jedenfalls überrascht, daß viele Dagestaner dem Aufruf ihres Präsidenten Magomed Ali Magomedow, sich gegen die Eindringlinge aus Tschetschenien zu bewaffnen und zur Wehr zu setzen, umgehend Folge leisteten. »Wir sind Muslime. Wir wollen aber mit den Wahhabiten nichts zu tun haben«, lautete die in Machatschkala einhellig vertretene Meinung.

Es gibt allerdings auch eine andere, weniger edle Auffassung über die Hintergründe der gescheiterten Invasion in Dagestan. In der weitab von Moskau gelegenen Republik Dagestan habe sich nämlich eine Oligarchie von Herrschenden herausgebildet, die ihre Privilegien durch den Überfall fanatisch motivierter, in Sachen Moral puritanischer Muslim-Rebellen gefährdet gesehen habe. Dies sei der eigentliche Grund für die von Anfang an entschiedene Ablehnung der tschetschenischen Eindringlinge gewesen. Wie immer das auch zu beurteilen sein mag, die tschetschenischen Mudschahedin boten mit ihrer unüberlegten und nach kurzer Zeit gescheiterten Invasion den Russen die willkommene Rechtfertigung zum Angriff. Unter der einfachen Bevölkerung in Dagestan scheint das brutale Vorgehen der russischen Truppen übrigens allmählich einen Umschwung der Sympathien auf die Seite der Tschetschenen zu bewirken.

In diesem Zusammenhang darf nicht vergessen werden, daß auch in Rußland die von vielen nicht mehr erwarteten Verwerfungen und teilweise tiefgreifenden Veränderungen in der islamischen Welt in den vergangenen zwei Jahrzehnten nicht ohne Sorge wahrgenommen worden sind. Ähnlich wie der Westen hat auch der Osten, die Sowjetunion und danach eben Rußland, das Wiedererstarken des politischen Islams monolithisch, vor allem als fundamentalistische Bedrohung rezipiert. Moskau selbst hat in dem rund zehn Jahre währenden blutigen Krieg in Afghanistan am eigenen Leibe erfahren, was es heißt, gegen religiös motivierte »Gotteskrieger« kämpfen zu müssen. Die Bedrohung durch den »Fundamentalismus«, von der man pauschal sprach, floß ein in die Moskauer Propaganda gegenüber den kaukasischen Völkern. So hatten die Wirren in Algerien, die Anschläge in Ägypten, der Krieg in Bosnien wie im Kosovo, die Politik der Islamischen Republik Iran, die Umtriebe der libanesischen Hizbullah (»Partei Gottes«) und der palästinensischen Hamas, ja auch die Machtergreifung der radikal-islamistischen Taliban in Afghanistan indirekt wie direkt Anteil am Aufbau eines »Feindbildes Islam«, dem auch manche im Westen zuneigen. Erwähnt sei nur die populär gewordene These des amerikanischen Politikwissenschaftlers Samuel P. Huntington vom bevorstehenden »Kampf der Kulturen« (»Clash of Civilizations«). Nicht allein bei den Kaukasiern, auch bei den Russen fand so etwas wie eine Wiederkehr der Geschichte statt, erinnerte man sich doch plötzlich der kriegerischen Zusammenstöße und kulturellen Gegensätze aus vergangenen Epochen.

Im Brennpunkt vieler Mächte

Dies lenkt den Blick darauf, daß der Kaukasus und seine Völker nicht nur eine Vergangenheit der russischen Unterdrückung und Dominanz haben, sondern daß sie auch heute wieder im Fadenkreuz vieler Mächte und Interessen stehen. Vor allem die unmittelbaren Nachbarn im Süden und Südwesten sind es, die sehr genau beobachten, was in den kaukasischen Bergen geschieht. Sie alle haben einerseits ein Interesse daran, daß die Unruhe nicht allzu groß werde, ein Flächenbrand soll nicht entfacht werden; andererseits wollen sie doch ihren Einfluß geltend machen, was heißt, sich mit Konkurrenten in der Region zu messen und gegebenenfalls um die Gunst der Kaukasier zu werben.

Da ist einmal die Türkei, ein Schwellenland, das sich anschickt, eine regionale Mittelmacht von nicht unbeträchtlicher Bedeutung zu werden. Nach dem Zusammenbruch der Blöcke ist die strategische Bedeutung dieses Landes zwischen Okzident und Orient, zwischen Europa und Asien noch wichtiger geworden, beileibe nicht nur nach Auffassung der Amerikaner. Das sehen auch die Türken so, die einerseits weit nach Mittelasien hineinblicken, zu ihren turksprachigen Brüdern in Kirgisistan, Kasachstan, Usbekistan, Turkmenistan, aber eben auch in den Kaukasus, wo die Mehrheit der Völker muslimischen Glaubens ist und lange Zeit unter dem Einfluß der Türken stand, als diese noch die osmanische Großmacht repräsentierten. Immer hat ein Teil der kaukasischen Muslime nach Westen geblickt, in Richtung der alten Sultansstadt Konstantinopel/Istanbul. Das ist heute kaum anders. Und die Türken ihrerseits schauen natürlich auch mit wirtschaftlichem und strategischem Blick nach Osten. Nicht wenige der heutigen Türken, die zwischen Edirne und Erzurum leben, haben zudem Vorfahren im Kaukasus, manche sogar noch Verwandte. Dies gilt besonders für

Aserbaidschan, dessen Bevölkerung zum größten Teil aus Türken besteht, die Dialekte sprechen, die mit dem ostanatolischen Türkisch große Ähnlichkeit haben. Es gilt aber auch für die Tscherkessen, Mescheten, Abchasen und andere Kaukasier muslimischen Glaubens, von denen ein großer Teil schon im Laufe des neunzehnten Jahrhunderts in das Osmanische Reich ausgewandert war. So erklärt sich das Interesse der türkischen Bevölkerung an den Ereignissen.

Zurückhaltender ist die Regierung. Wie schon bei den Balkan-Krisen der neunziger Jahre fällt auch im Falle Tschetscheniens wie der anderen Konflikte in der Kaukasus-Region auf, daß Ankara sich stark zurückhält. Selbst in dem Krieg zwischen Armenien und Aserbaidschan um Berg-Karabach engagierte sich die Türkei, trotz aller Sympathien und trotz aller Unterstützung, nicht so stark, wie viele Aserbaidschaner es erwartet, die Armenier hingegen befürchtet hatten. Das hängt mit einer Politik zusammen, die noch der Staatsgründer Mustafa Kemal Atatürk seiner jungen Republik verordnet hat und die man in der Parole »Yurtta sulh, cihanda sulh« zusammengefaßt hat: Frieden zuhause und Frieden in der Welt. Atatürk wandte sich, obschon ein Verfechter des türkischen Nationalgedankens, ganz gegen pantürkische und panturanische Neigungen in seinem Volk, das heißt, er wollte nicht, daß die Türkei nach dem Scheitern des Osmanischen Reiches aufs neue nach einer Großmachtrolle, jetzt im Kaukasus und in Mittelasien, strebte. Daran hat man sich seither in Ankara gehalten. Natürlich bedeutet das nicht, daß die Türkei nach der Wende nicht ihre Chance gesucht hätte: Die kaukasischen Gebiete – ein Besuch in Armenien, Georgien oder Dagestan zeigt es – sind voll in die Handelsaktivität integriert. Eindrucksvoll zeugt der Bau der neuen Freitagsmoschee in Machatschkala vom Engagement der Türken, die natürlich auch großes Interesse an den Erdölströmen der Region haben. Dies um so mehr, als sie intensiv mit den Wirtschaften der transkaspischen Länder in Mittelasien zusammenarbeiten.

Mit dem Interesse der Türkei ist automatisch auch die Begehrlichkeit Irans geweckt. Ankara und Teheran wetteifern miteinander in dieser uralten, geschichtsträchtigen Region, die für beide kulturell wie politisch wichtig ist. Mit dieser Konkurrenz setzen sie eine

Rivalität fort, die ebenfalls historisch ist. Auch hier kehrt Geschichte wieder. Denn wie die Türken, so haben auch die Iraner lange Zeit über Teile des Kaukasus geherrscht und diese Völker religiös und kulturell mitgeprägt. Heute hat diese Konkurrenz mit Ankara noch eine zusätzliche Komponente. Ging es früher beim Streit zwischen Osmanen und safawidischen Iranern darum, ob Sunniten oder Schiiten die Oberhand behielten, so streitet man heute über das säkular-laizistische oder das theokratische Modell des Islams in der Region. Der Westen will natürlich, daß sich die Türkei mit ihrem weltlichen Staat durchsetzt, was auch der Wunsch der einheimischen Eliten ist. Dies berührt weniger die beiden christlichen Länder Armenien und Georgien, zu denen Iran freilich auch lange und tiefe Beziehungen unterhielt, als vielmehr das muslimische Aserbaidschan mit seiner schiitischen Bevölkerungsmehrheit sowie Tschetschenien und Dagestan.

Man geht kaum fehl in der Annahme, daß ein Ereignis wie die islamische Revolution in Iran nicht ohne Wirkung auf die kaukasischen Muslime geblieben ist, obschon sich fundamentalistische Regungen in der Region bis jetzt nicht in nennenswertem Ausmaß feststellen lassen. Die Verbindungen – etwa zwischen Baku und Teheran – sind denn auch mehr heimlich als offen. Daßelbe gilt auch für die neugegründete tschetschenische Republik Itschkeria. Im großen und ganzen kann man freilich sagen, daß Iran gegenüber dem Kaukasus und auch gegenüber den jungen Staaten Mittelasiens trotz seiner Interessen eine relativ zurückhaltende, bisweilen sogar konstruktive Rolle spielt. »Ohne die Hilfe der Iraner wären wir glatt verhungert«, sagte mir ein junger armenischer Journalist einmal in Eriwan, der den Staat der Mullahs gewiß nicht mochte, aber dieses Faktum immerhin anerkannte. Auch in Georgien, dessen Hauptstadt Tiflis sogar der damalige iranische Parlamentspräsident Ali Akbar Hashemi-Rafsandjani besucht hatte, war man bei aller Zurückhaltung nicht unfreundlich gesinnt gegenüber dem großen iranischen Nachbarn. Rafsandjani besuchte aus Anlaß seiner Visite in Georgien die schöne schiitische Moschee in der Altstadt und beglückwünschte die christlichen Georgier, daß sie das muslimische Bethaus in Ordnung hielten.

Nicht nur Unruhe in Tschetschenien

Man sieht, die Verhältnisse in dieser unruhigen Region gleichen einem komplizierten Puzzle, das immer komplizierter wird, je mehr Steine aus der Geschichte und Kulturgeschichte man entdeckt und zusammenzufügen versucht. Um Tschetschenien herum sind heute andere Krisenherde zentriert. Der russische Präsident Putin hatte nach den Erfolgen seiner Armee im März angekündigt, in Zukunft werde Tschetschenien direkt von Moskau aus regiert und verwaltet werden. Wenn es so kommen sollte, wäre dies für die freiheitsliebenden Tschetschenen eine tiefe Demütigung, eine Entwicklung, die selbst hinter kommunistische Zeiten zurückgeht. Es ist jedoch auch als Warnung an alle anderen Kaukasier gedacht, nicht mit dem Feuer zu spielen. Die Botschaft ist deutlich, für jedermann verständlich. Doch ebenso klar ist, daß Moskau sich mit seinem brutalen Vernichtungskrieg auch noch alle jene in der Region zu Feinden gemacht hat, die bislang eher neutral waren. Jelzin und Putin wollten vorgeblich Terroristen und Banditen bekämpfen, sie bekämpften und bekämpfen jedoch ein ganzes Volk. Anfang Mai etablierte Putin in Rostow am Don einen »Provinzfürsten« für Kaukasien, der ihm persönlich verantwortlich ist. Das erinnert an die Zeit der Zaren.

Deutlich ist zum gegenwärtigen Zeitpunkt vor allem, daß jene Tschetschenen, denen die Unabhängigkeit mehr wert ist als alles andere, nicht ruhen und rasten werden, um ihrerseits den Feind zu demütigen. Nach dem Fall und der fast gänzlichen Zerstörung Grosnyjs und der meisten größeren Ortschaften werden die Tschetschenen von den Bergen aus die Russen weiter, über Jahre hinaus bekämpfen. Nicht umsonst wurden von der Weltpresse, als die Kämpfe im Dezember 1999 und im Januar 2000 ihren Höhepunkt erreicht hatten, immer wieder Vergleiche mit dem Bürgerkrieg in Afghanistan gezogen. Und auch die Gefahr von mörderischen Terroranschlägen hat durch den »Sieg« der Russen erheblich zugenommen. Die übrigen Kaukasus-Völker warten wohl erst einmal ab, was geschieht; dann werden sie ihrerseits Konsequenzen ziehen. Am 26. März errang Wladimir Putin, den noch ein Jahr zuvor kaum jemand gekannt hatte, einen klaren Sieg bei den russischen Präsidentschaftswahlen, vor dem Kommunisten Gennadj Sjuganow. Manche Beobachter hatten darauf spekuliert, er werde nach diesem beispiellosen Triumph den Tschetschenen womöglich ein politisches Angebot machen, jedenfalls den militärischen Druck abschwächen, da der Krieg nicht zuletzt um den Sieg im Wahlkampf geführt worden war. Überdies ist Putin Realist. Als ehemaliger Mann des Sicherheitsdienstes ist er mit all jenen Methoden vertraut, mit denen man auch ohne Krieg eine Bevölkerung niederhalten kann. Es sind die klassischen Methoden der Repression, die der KGB in Jahrzehnten ausgebildet hatte und die eine Fortsetzung jener Methoden gewesen waren, die schon die zaristische Geheimpolizei praktiziert hatte – in Moskau, in Petersburg und natürlich auch in den »asiatischen Republiken«.

Doch die ersten Tage und Wochen nach seiner Amtsübernahme ließen keine Hoffnung auf eine Wende aufkommen. Ob Putin jener Reformer sein kann, den viele endlich erwarten, ist selbst bei den krisenmüden Russen, die ihm jetzt ihr Vertrauen schenkten, umstritten. Weil er aus dem Sicherheitsapparat kommt, mißtraut man ihm wohl auch. Hinzu kommt, daß er genau im Windschatten jener russischen Oligarchen und der Familie Jelzin groß geworden ist, gegen die er nach Jelzins Rückzug eigentlich vorgehen müßte. Doch ebendiese alten Freunde werden alles tun, um das zu verhindern. Das gemeinsame Schicksal der Kaukasier und der Russen wird freilich wesentlich davon abhängen, ob sich die russische Gesellschaft und Politik weiter demokratisiert oder ob ein autoritärer Kurs gesteuert wird. Wenige Tage nach der Wahl Putins räumte das russische Verteidigungsministerium immerhin ein, daß es im Verlauf des Krieges zu Massakern an der tschetschenischen Zivilbevölkerung gekommen sei. Ist dies ein Zeichen der Hoffnung, oder wurde nur zugegeben, was ohnehin alle Welt schon weiß, um das angeschlagene Ansehen wieder ein wenig aufzubessern? Daß der Westen, von einigen Ausnahmen abgesehen, so lange zu diesem barbarischen Krieg der Russen geschwiegen hat, stellt den westlichen Menschenrechtskämpfern in der Diplomatie, in der Nato und in der Europäischen Gemeinschaft ein schlechtes Zeugnis aus. Hatte man denn nicht einige Monate zuvor auf dem Balkan einen Krieg geführt, um einen Kriegstreiber und Menschenrechtsverletzer, den serbischen Präsidenten Milošević, in seine Schranken zu weisen? Es war nur ein geringer Trost, daß Bundeskanzler Schröder bei seinem Besuch in Georgien Ende März 2000 vor dem Parlament in Tiflis einen eindringlichen Appell an Moskau richtete, es möge vom Krieg zur Politik übergehen.

Doch auch alle überregionalen Organisationen scheinen beim Thema Krieg und Frieden im Kaukasus überfordert zu sein. Die Gerechtigkeit gebietet allerdings zu sagen, daß die kaukasische Krise in ihrer historischen Tiefe und in der Vielfalt der Verzweigung sämtlicher ihrer Spannungsherde den explosiven historischen Schauplatz Jugoslawien noch um ein Vielfaches an Dramatik und Konfliktpotenzial übertrifft. Hier ist ein Schauplatz der Geschichte, wie er problematischer kaum sein könnte.

KAPITEL 2

Schauplatz der Geschichte

Schon in vorchristlichen Zeiten ist der Kaukasus ein Landstrich gewesen, an dem sich die Phantasie der Menschen entzündet hat. Er schien fast an den Grenzen der damals bekannten Welt zu liegen, jedenfalls wenn man den griechischen Sagen und ihrer Vorstellungswelt folgt. Prometheus, der antike Heros des menschlichen Fortschritts, aber auch der menschlichen Hybris, der den Göttern das Feuer gestohlen hatte, wurde, wie wir wissen, zur Strafe für seinen Frevel an einem Felsen des Kaukasus angekettet und von einem Adler attackiert, der seine Leber aß. Spiegelte sich darin ein entferntes Wissen um die alte Sitte der Parsen oder Zarathustrier, ihre Toten auf den »Türmen des Schweigens« den Geiern zum Fraß auszusetzen, wider? Als die griechische Kultur aufzublühen begann, hatte nämlich, wie wir noch sehen werden, die Lehre des iranischen Propheten Zarathustra die südlichen Ebenen der Kaukasus-Region erreicht. Zwar gibt es Gelehrte, die den Kaukasus mit dem noch weiter von Europa entfernten Hindukusch identifizieren wollen; doch wir möchten eher glauben, daß damit unser Kaukasus gemeint gewesen war; denn vor dem spektakulären Zug Alexanders des Großen nach Indien, das heißt vor dem späten vierten Jahrhundert vor Christus, wußte man wenig bis nichts von jener Gegend, in welcher der Hindukusch siebentausend Meter hoch aufragt. Der Mythos von Prometheus ist jedoch viel älter. Als er entstand, konnte man über den Hindukusch garantiert noch nichts gewußt haben, wohl aber manches über den Kaukasus.

In mancher Hinsicht bildete der Kaukasus sogar eine Grenzmarke der griechischen Kultur. Bis heute neigen wir ja dazu, das antike Griechenland vornehmlich mit dem griechischen Festland, mit Unteritalien (dem sogenannten Großgriechenland einschließlich Siziliens) sowie mit der kleinasiatischen Westküste, dem sogenannten ionischen Griechenland, gleichzusetzen. Doch die griechische Welt reichte in Wirklichkeit noch viel weiter. Sie erstreckte sich von Spanien und den Ufern Nordafrikas bis zu den östlichen Küsten des Schwarzen Meeres, des Pontos Euxeinos oder »Gastlichen Meeres«, wie die Griechen es nannten. In gewißer Weise war das Schwarze Meer, über den Hellespont (heute Dardanellen) und den Bosporus zu erreichen, eine Art griechisches Binnenmeer. Die Griechen überlieferten die Argonauten-Sage von Jason, der an der Spitze seiner Argonauten im Lande Kolchis das Goldene Vlies gewinnen wollte. Kolchis – das ist nichts anderes als die heutige Westküste Georgiens, die Gebiete rund um die Stadt Kutaissi. Und der ebenfalls aus den Sagen des klassischen Altertums bekannte Chersones ist ja nichts anderes als die Halbinsel Krim. Die dort gelegene Stadt Cherson trägt noch immer den alten, eben griechischen Namen, wie viele andere an den Küsten des Schwarzen Meeres auch. Sewastopol ist »Sebaste Polis« – reines Griechisch. Selbst das berühmte Odessa ist letztlich eine Gründung der Hellenen. Noch der russische Dichter Anton Tschechow, aus Taganrog am Asowschen Meere stammend, besuchte in seiner Heimatstadt eine Zeitlang eine griechische Schule. Griechischer Einfluß in der Antike und auch später noch reichte also bis beinahe vor die Höhen des Kaukasus. Hinter der riesigen Bergkette erstreckte sich das Land der wilden Reitervölker, der Skythen zumal, die der alten Welt, vor allem aber den Griechen, wohl als fremde, undurchschaubare Gesellen galten, hatte doch der Philosoph Aristoteles unverfroren zwischen Hellenen und »Barbaren« unterschieden.

So sehen wir den Kaukasus schon in jenen frühen Zeiten als das, was in der Sprache der älteren physischen Geographie Carl Ritters ein »natürlicher Sperrriegel« genannt werden muß. Noch heute ist es ja schwer, diese Gebirgskette zu überwinden, trotz all unserer modernen Verkehrsmittel. Da kann man sich vorstellen, welche Hindernisse die steilen Aufschwünge in jenen früheren Zeiten bedeuteten, da man zu Fuß oder allenfalls mit von Pferden gezogenen Wagen und Holzkarren vorankommen mußte.

Als ich vor einigen Jahren über die Südflanken des Kasbek flog, des zweithöchsten der kaukasischen Eisriesen mit mehr als fünftausend Metern Höhe, sah ich unter mir die Enge der gerade vom Schnee befreiten Täler und Schluchten, die schmalen Seitenstraßen, die noch heute weitgehend aus planiertem Sand oder Erdreich bestehen, die Saumpfade, die sich über steile Höhenrücken schlängeln. Vor allem im Winter sind viele der einsam-entlegenen Dörfer schwer zu erreichen. Ich fühlte mich an Bosnien erinnert, ein Land, das ähnlich unzugänglich ist, besonders im Winter. Man versteht, warum der französische Fabeldichter Jean de la Fontaine in seiner gereimten Parabel über die »Eiche und das Schilfrohr« davon spricht, der Kaukasus biete den Stürmen Trotz. So haben zu allen Zeiten Phantasten und Poeten diesen Sperrriegel zum Gegenstand ihrer oft ausufernden Vorstellungen gemacht. Wir werden bald darauf zurückkommen.

Die nackten Zahlen sehen dagegen nüchtern und unromantisch aus: Die Gebirgskette des Hohen Kaukasus erstreckt sich über eine Länge von 1500 Kilometern von Nordwesten nach Südosten, das heißt etwa vom Nordostufer des Schwarzen Meeres bis zur Halbinsel Apscheron, die wie ein spitzer Sporn in das Kaspische Meer hineinragt. Die durchschnittliche Breite des Gebirges beträgt zweihundert Kilometer. Drei Gipfel sind höher als 5000 Meter oder doch annähernd so hoch, der Elbrus, der Kasbek und der Beschtau. Der russische Sprachgebrauch des Wortes »kavkaz« meint jedoch viel mehr als das eigentliche Hochgebirge. Er umfaßt auch das heutige Transkaukasien mit den drei Republiken Armenien, Georgien und Aserbaidschan, das heißt geographisch das Armenische Hochland, die Berge und Ebenen Georgiens und die Kura-Araks-Ebene, die teilweise schon steppen- bis wüstenartigen Charakter hat und einen großen Teil Aserbaidschans einnimmt. Sie grenzt an die Islamische Republik Iran. Nördlich des Hauptkammes rechnen auch die dem Kaukasus vorgelagerten ebenen Gebiete, in denen Städte wie Wladikawkas (früher nach einem georgischen Kommunisten Ordschonikidse genannt), Mineralnyje Wody, Pjatigorsk oder Stawropol liegen, zur Region des Kaukasus. Im weiteren Sinne, und bezogen auf die Bevölkerung, kann man auch die Stadt Maikop, die früher ein wichtiges Zentrum der Tscherkessen gewesen ist, sowie Rostow am Don noch hinzurechnen. Städte wie

Mozdok, Chasawjurt und Kisljar gehören im Norden ebenfalls dazu. Man sieht: Der Kaukasus umfaßt nicht nur Berge, sondern auch flache Gegenden, wie die sogenannte Stawropoler Platte, die freilich aufs engste mit der Gebirgskette zusammenhängen. Typisch ist in dieser Hinsicht Tschetschenien, dessen Norden ganz flach ist, während sein Süden an den Hauptkamm des Gebirges angrenzt. Seit langer Zeit galten im Norden der Fluß Terek, im Nordwesten der Kuban und der Don als natürliche Grenze zwischen den Russen und den Kaukasiern. Jahrhundertelang hielten an den Ufern die dem Zaren ergebenen Kosaken die Grenzwacht. Noch im jüngsten Tschetschenienkrieg spielte der Terek als Grenzlinie eine Rolle, heute ist der Fluß infolge der Einwirkungen des Krieges und der damit verbundenen Umweltschäden so gut wie tot. Vorbei die Zeit, da ein Tolstoj – wie in seinem Roman »Die Kosaken« – die Ebenen am Terek noch als Ausbund unberührter Natur romantisieren konnte. Und niemand kann sagen, wann oder ob diese Region wieder einmal ihren alten Charakter zurückerhalten wird. Mit einer Gesamtfläche von 440 000 Quadratkilometern ist die Region des Kaukasus um etliches größer als das wiedervereinigte Deutschland.

Die zeitgenössischen Strategen und Geographen heben immer wieder den Doppelcharakter des Kaukasus hervor. Einerseits gilt er ihnen als der schon erwähnte Riegel, der das nördliche Vorderasien, Anatolien und Nord-Iran, von den Steppen Rußlands trennt, andererseits charakterisieren sie ihn als den »Eurasischen Isthmus«, das heißt als Bindeglied zwischen Europa und Asien, als geographische und kulturelle Brücke zwischen Südosteuropa und den zentralasiatischen Regionen. Diese positivere Definition, die das Kommunikative mehr herausstellt als das Trennende, ist heute bei den Völkern des Kaukasus beliebter, wollen doch auch sie sich allmählich an Europa annähern, nicht nur ökonomisch, sondern auch politisch. Dies gilt selbst für einen Staat wie Aserbaidschan, der von den osteuropäischen Beitrittsländern zur Europäischen Gemeinschaft (EU) doch schon recht weit entfernt ist, aber gleichwohl solche Zukunftsvisionen hegt.

Klimatisch hat der Schauplatz Kaukasus fast alles zu bieten, was man sich denken kann. Die Extreme reichen von den rauhen Klimaten des Hochgebirges bis zu den subtropischen Stränden Aserbaidschans und Abchasiens, das trotz seiner von Rußland unterstützten Irredenta, die 1993 zum Ziel führte, offiziell noch immer zu Georgien gehört. Dort war Suchumi immer eine beliebte Sommerfrische, die man freilich auch aufsuchte, um das strenge Winterwetter durch die milde Süße des Südens zu ersetzen.

»Anfang April kam ich nach Suchumi – in die Stadt der Trauer, des Tabaks und der duftenden Pflanzenöle. Von hier aus muß man das Alphabet des Kaukasus erlernen, hier beginnt jedes Wort mit ›a‹. Die Sprache der Abchasen ist mächtig und vollautig, doch reich an oberen wie unteren verschmolzenen Kehllauten, welche die Aussprache erschweren«, schrieb der russische Dichter Ossip Mandelstam in seinem Büchlein »Die Reise nach Armenien« über das Tor zu einer ihm fremden Welt. Auch heißt es immer wieder, die Abchasen sprächen so schnell, daß man sie alleine deswegen nicht verstehe. Abchasien, das war für ihn schon Orient, Orient in Rußland. Farbig, heiß, voller Duft, mit unberechenbaren, temperamentvollen Menschen, wie sie der auch im Westen bekannte abchasische Schriftsteller Fazil Iskander in seinen Romanen und Novellen schildert.

Die westgeorgischen Landschaften verbinden dabei mildes Klima mit ausreichender Feuchtigkeit, so daß die Flora ausgiebig gedeiht, während die einen großen Teil von Aserbaidschan ausmachende Kura-Trockensteppe, die man auch die Schirwanische Ebene nennt, schon an die wüstenhaften Gefilde des Vorderen Orients und Irans denken läßt. Sie besteht aus jenem Erdreich, das der Fluß Kura, aus den Bergen kommend, auf seinem Weg in das Kaspische Meer anschwemmt. Ganz im Süden Aserbaidschans, wo die Strände des Kaspischen Meeres nahe dem Fluß Araks an die iranische Provinz Gilan grenzen, herrscht hingegen Üppigkeit. Kahl mutet dagegen das im Winter sehr kalte Hochland von Armenien an, dessen ohnehin begrenzter Baumbewuchs in letzter Zeit stark gelitten hat. Als in den ersten Wintern der Eigenstaatlichkeit die Armenier kaum Material zum Heizen hatten, gingen sie in die Wälder in der Umgebung Eriwans und schlugen dort das notwendige Holz. Armenien erinnert zu großen Teilen an das ostanatolische Hochland (Westarmenien), in dem vor den berüchtigten Massakern der Osmanen ja auch jede Menge Armenier lebten.

Betrachtet man den Kaukasus und die ihm vorgelagerten Regionen eingehender, so wird deutlich, daß er in vormoderner Zeit fast immer zwei Funktionen erfüllt hat: die Völker voneinander zu trennen und ihnen gleichzeitig Schutz zu bieten. In dieser Hinsicht hat der Kaukasus Ähnlichkeiten mit dem Libanon-Gebirge, ist er sozusagen ein ins Gigantische gesteigerter Libanon. So wie der Libanon auf relativ kleinem Raum relativ viele Völker und Religionsgruppen aufgenommen hat, so ist auch der Kaukasus allezeit eine Zuflucht für zahllose Völkerschaften gewesen, viel mehr noch, als das im Libanon der Fall war. Wer weiß schon, daß etwa in Transkaukasien, vornehmlich in Armenien, Kurden leben, die dort schon seit dem zehnten Jahrhundert eingewandert waren, verstärkt jedoch seit dem siebzehnten Jahrhundert, als sie dem Druck von Schah Abbas in Iran nach Norden auswichen? Unter diesen Kurden befinden sich Muslime, aber auch Bekenner der alten kurdischen Religion des Yezidismus, die ihre Ursprünge vielleicht sogar in der altbabylonischen Gestirnreligion hat. Im eigentlichen Kurdistan wurden die Yeziden immer verfolgt, in Transkaukasien fanden sie Ruhe vor ihren Peinigern.

Niemand kennt die genaue Anzahl der Völker und Ethnien des Kaukasus, doch wird im allgemeinen von etwa sechzig Völkern (bzw. Volksgruppen) und beinahe ebenso vielen Sprachen gesprochen. So ist der Kaukasus wahrhaftig auch der »Berg der Sprachen«, wie manche ihn genannt haben. Betrachtet man die Völker, so reicht die Palette dabei der Größe nach von den Aseri, die beinahe acht Millionen zählen (ohne die in Iran lebenden), bis zu den Chinalugen und Chunzal, die, wenn es sie überhaupt noch gibt, nur noch zu einigen hundert existieren dürften. Sozusagen in der Mitte finden sich Völker wie die Tschetschenen und die mit ihnen verwandten Inguschen, die zusammen etwa eineinhalb Millionen Menschen umfassen. Die meisten der wichtigen Kaukasus-Völker zählen zwischen einigen zigtausend und einigen hunderttausend Menschen. Es bedürfte dringend eines zuverlässigen Zensus, denn die in den einschlägigen Werken, wie der Großen Sowjetenzyklopädie, wiedergegebenen Zahlen entsprechen wohl nirgendwo mehr der Realität. Dazu brauchte es aber ruhigere, weniger spannungsgeladene Zeitläufte. Wir werden auf diese Frage später noch einmal eingehen.

Grob gesprochen unterscheiden die Ethnologen im Kaukasus zwischen autochthonen, im eigentlichen Sinne kaukasischen Völkern und deren Sprachen und solchen, die erst in späterer Zeit hinzugekommen sind. Im Unterschied zu den vielfach in der Region gesprochenen Turksprachen, deren Herkunft aus dem Gebiet zwischen Jenissej und Altai im heutigen Sibirien weitgehend geklärt ist, geben die ursprünglich kaukasischen Sprachen, unter denen man eine westliche und eine östliche Gruppe unterscheidet, was ihre Herkunft und Verwandtschaft angeht, der Wissenschaft noch viele Rätsel auf. Wurden sie schon immer im Kaukasus gesprochen? Als dritte Sprachgruppe kommt die indoeuropäische hinzu, die wohl am besten erforscht ist. Zu ihr gehört zum Beispiel das Armenische. Überlagert wurden autochthone wie fremde Herkunft und Sprache oft vom Volkstum und der Sprache all jener Mächte, die den Kaukasus beherrschten oder doch wenigstens eine Zeitlang über ihn zu bestimmen hatten. Das gilt besonders für die Türkei und Iran. Daßelbe kann für die religiösen Einflüße gesagt werden. Der Islam kam zwar schon mit der ersten Eroberungswelle im siebten nachchristlichen Jahrhundert in die transkaukasischen Gebiete, wo er unter den Armeniern und Georgiern auf alte christliche Völker stieß, doch prägte er auch noch danach immer wieder in Wellen die religiöse Landschaft Kaukasiens. Wie in Mittelasien, wo die letzten Kasachen erst im frühen neunzehnten Jahrhundert den Islam annahmen, so verbreitete sich der Glaube des Propheten Mohammed in manchen entlegenen Gebieten des Kaukasus erst im achtzehnten und neunzehnten Jahrhundert. Einige der kaukasischen Völker, etwa die Abchasen oder Osseten, sind religiös bis heute gemischt, ein Teil christlich, ein anderer Teil islamisch. Die meisten kaukasischen Muslime sind Sunniten, gehören also der Mehrheitskonfession des Islams an. Dabei folgen sie der hanafitischen Rechtsschule, die auf den klassischen mittelalterlichen Rechtsgelehrten Abu Hanifa zurückgeht und im allgemeinen als die liberalste der vier orthodoxen Rechtsschulen im Islam gilt. Nur die Aserbaidschaner oder Aseri sind mehrheitlich schiitisch. Wichtig ist im Kaukasus auch immer der sogenannte Parallel-Islam gewesen. Auch in der Zeit der sowjetischen Herrschaft existierte er. Darunter versteht man die Anhänger verschiedener Derwisch- und Sufi-Orden, die bündisch organisiert sind und imstande waren, ein Netz geheimer Verbindungen und Beziehungen aufrecht zu erhalten. Die bekanntesten dieser Orden sind die Nakschbendi- und die Qadiri-Derwische. Beide Orden sind über den größten Teil der islamischen Welt verbreitet. Die Nakschbendi gehen zurück auf Scheich Burhanuddin Nakschband, der im vierzehnten Jahrhundert in Mittelasien, in der Nähe Bucharas, wirkte; dort besucht man noch immer sein Grab. Die Qadirijja hingegen hat ihren Ursprung im Bagdad nach der Jahrtausendwende, wo ihr geistiger Inspirator Scheich Abdul Qadir al Gailani lebte und wirkte. Aus dem Nakschbendi-Orden war auch jene Gemeinschaft der Muriden hervorgegangen, die unter dem legendären Imam Schamil die Hauptquelle des Widerstandes gegen die Russen gewesen war. Die Zahl der heute zu den Muriden rechnenden Muslime des Kaukasus wird zwischen 300 000 und 500 000 angegeben. Längst haben die kaukasischen Gemeinschaften dieses Parallel-Islams wieder ihre Fäden zu jenen Brüdern im Nahen Osten und in Mittelasien gezogen, die durch den Eisernen Vorhang von ihnen weitgehend abgeschnitten gewesen waren.

Das Christentum kam erstaunlicherweise schon einige Jahre vor seiner Legalisierung durch Kaiser Konstantin in Byzanz in die kaukasischen Regionen, so zum Beispiel durch Gregor den Erleuchter im Jahre 301 nach Armenien, wurde freilich in späteren Jahrhunderten auch durch die Macht des byzantinischen Großreiches geschützt, auch wenn es sich bei Armeniern und Georgiern um eigenständige christliche Denominationen handelt. Der Islam hingegen drang nicht nur vom Süden her in den Kaukasus ein, wie zu Beginn der islamischen Eroberungen, sondern später auch vom Norden. Schon vor mehr als tausend Jahren berichtete der muslimische Reisende Ibn Fadlan in seiner »Rihla« oder »Reisebeschreibung« über die muslimischen und nichtmuslimischen Völker südlich des Urals und an der Wolga. Die Islamisierung dieses Gebietes verstärkte sich noch, als der Mongolensturm nach Westen vordrang und die Nachfahren Dschingis Chans unter der Bezeichnung der Goldenen Horde (Altyn Ordu) die nogaischen Steppen nördlich des Kaukasus und die Steppen der Kiptschaken beherrschten. Der Islam griff damals von Osten bis nach Moskau aus.

Die Eroberung und »zivilisatorische Erschließung« des Kaukasus durch die christlichen Russen ist hingegen ein vieldimensionaler, lange währender Prozeß des Vordringens nach Osten und nach Süden gegen all jene Völker gewesen, die in der westlichen Literatur oft pauschal – und damit falsch – als »Tataren« bezeichnet worden sind. In der Tat definierte Rußland seinen Aufstieg zur Großmacht, ausgehend von dem kleinen Zartum Moskau, zunächst über das Abschütteln des Tatarenjochs, das heißt den Sieg über die Goldene Horde. Im sechzehnten Jahrhundert gerieten die Muslime dann mehr und mehr in das begehrliche Blickfeld der Moskowiter. Unter dem Zaren Iwan IV., »dem Schrecklichen«, setzte eine Expansion ein, deren letzte Resultate wir im zurückliegenden Jahrhundert erlebt haben, als Moskau in Afghanistan einmarschierte. Über die Hintergründe und Ursachen von Kolonialismus und Imperialismus sind ganze Bibliotheken vollgeschrieben worden, und zwar von bürgerlichen wie marxistischen Gelehrten, ohne daß man zu einem eindeutigen Ergebnis gekommen wäre. Auch im Falle der russischen Expansion nach Osten und Süden war es wohl eine Mischung zahlreicher Motive und Anlässe, die zu jener Entwicklung führte: ökonomische und soziale Gründe, politische und strategische Erwägungen, Ruhmsucht der Herrscher und Soldaten, die ihnen gehorchten, Neugier auf die Fremde, Wissensdrang und auch Abenteuerlust. Schließlich sei auch der Zufall nicht vergessen, der manches Mal mehr Geschichte gemacht hat, als die bewußte Planung, die ohnehin in den seltensten Fällen vorherrscht.

Iwan der Schreckliche war es, der im Jahre 1552 das Khanat der Tataren von Kasan einnahm und dieses einst mächtige Volk unter seine Botmäßigkeit zwang. Dieser russische Sieg machte – im Zusammenhang mit der Eroberung von Astrachan einige Jahre später – zum ersten Mal deutlich, daß die Russen von nun an gegenüber den »asiatischen« und muslimischen Völkern in der Vorhand sein würden. Die nächsten Schritte unternahmen Peter der Große und Katharina II., die ebenfalls den Beinamen »die Große« verliehen bekam. Peter kämpfte nämlich nicht allein gegen den Schwedenkönig, sondern richtete seine begehrlichen Blicke auch gegen Türken und Perser. Unter ihm begann recht eigentlich jene »Erbfeindschaft« zwischen Russen und Türken, die erst im vorigen Jahrhundert überwunden werden konnte. Peter ließ seine Truppen die osmanische Festung Asow am Asowschen Meere belagern, ein Schritt, der sich ganz offen gegen den Sultan zu Konstantinopel richtete und darauf abzielte, dessen uneingeschränkte Herrschaft am Schwarzen Meer zu brechen. Denn dieses Gewässer war bis zu jenem Zeitpunkt ein osmanisches Binnenmeer, auf dem die Flotte Istanbuls den Ton angab. Rußland aber drängte zu den warmen Gewässern, das heißt jenes Streben nach dem Besitz eisfreier Häfen und Meerengen setzte ein, das man oft als das maßgebliche Movens des russischen Verhaltens beschworen hat. Daß dem so war, zeigt auch die vorübergehende Inbesitznahme der Stadt Derbent durch die Russen im Jahre 1717, die am Westufer des Kaspischen Meeres, etwas südlich des heutigen Machatschkala liegt und zum Herrschaftsgebiet des Schahs von Iran gehörte.

Ein besonderer Dorn in den Augen des Zaren waren die muslimischen Herrscher der Krim, die dem Drang nach Süden im Wege standen. Unter der Dynastie der Giray hatten die Krimtataren, Nachkömmlinge der Goldenen Horde, auf der Halbinsel und in ihrer Umgebung eine stabile Herrschaft aufgebaut und sich als Vasallen dem türkischen Sultan zur Verfügung gestellt. Unter ihrer Herrschaft war die Krim relativ dicht besiedelt, von ihrer Hauptstadt Bachtschisaraj aus hatten sie ein blühendes Gemeinwesen aufgebaut. Dessen Stunde schlug dann unter der Zarin Katharina. Diese Herrscherin, deren Charakterbild in der Geschichte sehr schwankt, verfolgte gegenüber den Muslimen ihres Reiches eine Doppelstrategie. Einerseits förderte sie das religiöse und kulturelle Leben der Kasan-Tataren – darin ganz Produkt Voltaires und anderer Aufklärer, mit deren Schriften sie sich beschäftigt hatte –, andererseits ging sie mitleidlos gegen die Tataren der Krim vor. Deren Khanat wurde im Jahre 1783 zerschlagen und annektiert. Es entwickelte sich zum Ausgangspunkt für die Kolonisierung oder Vertreibung der übrigen Tataren sowie der im West-Kaukasus ansässigen Tscherkessen. Ein Teil der Tataren ging in die osmanische Türkei, ließ sich im Gebiet von Istanbul nieder, oder auf dem Balkan. Dort wurden die Dobrudscha und Mazedonien Zentren der Einwanderung von Muslimen aus Rußland. Und Petersburg verstärkte fortan den Druck auf die Kaukasus-Region. 1784, ein Jahr nach der Niederlage der Krim-Tataren, gründeten die Russen die Stadt Wladikawkas, deren Name gleichzeitig ein Programm vorgab: Beherrscherin des Kaukasus.

Der beste Kenner der zaristischen Kolonialpolitik, Otto Hötzsch, hat deren Charakter mehrfach als »Suche nach der sicheren Grenze« beschrieben. Dies gilt in gewißer Hinsicht auch für den Kaukasus. In die im Süden neu eroberten Gebiete rückten Siedler ein, die das Land bestellten und geschützt werden mußten. An den Flüssen Kuban und Terek entstand so eine Art Siedlergrenze, wie sie auch der auf dem Balkan von den Habsburgern angelegte, sprichwörtliche »Confin« darstellte. Die Sicherung dieser Siedlungen übernahmen zunächst die Kosaken der Region, später dann die regulären Truppen, wobei »Grenzverletzungen« durch die Kaukasier immer wieder zum Vorwand für ein weiteres Vordringen der Russen in deren Gebiet dienten. Daran anschließend mußte man dann diese Region wieder gegen neuerliche Überfälle sichern. Zu den strategischen Überlegungen Petersburgs schreibt Hoetzsch: »Der Kaukasus gehört nicht zum asiatischen Raume, zu dem die russische Verwaltung nur Transkaukasien gerechnet hat. Aber seine Probleme in Gewinnung und Erschließung gehören in den kolonialen Zusammenhang. Zudem war seine Befriedung und Eingliederung unerläßlich zur Sicherung der rechten Flanke für die Ausdehnung nach Asien und zur Verbindung über das Kaspische Meer in das spätere Turkestan und nach Persien sowie zu einer – wie auch immer gedachten – Position im türkischen Vorderasien.«

Die systematischen, auf die Mitte und den Osten des Kaukasus zielenden Feldzüge setzten in den zwanziger Jahren des neunzehnten Jahrhunderts ein. Sie sollten während der gesamten, dreißig

Jahre währenden Herrschaft des Zaren Nikolaus I. und auch noch später unter seinem Nachfolger Alexander II. andauern. Gleich zu Beginn dieser Welle von Eroberungen errangen die russischen Truppen wichtige Siege gegen den Schah von Iran, der im Vertrag von Turkmantschaj im Jahre 1828/29 endgültig Derbent und große Teile des von ihm beherrschten Territoriums an die Russen verlor, das heute die Republik Aserbaidschan ausmacht. Für den Zaren und seine Militärführung bedeutete das einen nicht zu unterschätzenden strategischen Gewinn, konnten sie jetzt doch die Bergvölker in der Tschetschnja und in Dagestan von Norden und von Süden in die Zange nehmen. Und auch die südwestliche Flanke war frei, da Georgien schon seit 1801 an das Russische Reich angegliedert war. Die von Wladikawkas geradewegs nach Süden führende georgische Heerstraße diente den russischen Generälen als wichtiger Weg für den Nachschub.

Eroberung und Vereinnahme des Kaukasus dauerten, grob gerechnet, ein ganzes Jahrhundert. Die erste Hälfte umfaßt die Phase des heißen Krieges, die zweite die der kleineren Aufstände und allmählichen »Befriedung«. An deren Ende konnte die Sowjetunion den Besitzstand der Zaren ungeschmälert in den eigenen Staatsverband übernehmen. Gerechtfertigt wurde die Eroberung des Kaukasus von den russischen Politikern und Intellektuellen mit der altbekannten Missionsaufgabe, die der weiße Mann habe, in diesem Fall nur gekleidet in das Gewandt der christlichen Orthodoxie, als deren oberster Streiter sich der russische Zar empfand. Es galt, den »wilden Völkern« wenn schon nicht das Christentum, dann wenigstens die überlegene russische, indirekt »westlich-europäische« Zivilisation zu bringen. Wer fragte da, ob diese das überhaupt wollten? Sogar die »Liberalen«, das heißt jene Russen, die sich am Westen orientierten, den Zaren oder die gesamte Autokratie ablehnten und mit Worten und Werken bekämpften, hatten oft mit dem Herrscher gemeinsam, daß sie an eine zivilisatorische Aufgabe der eigenen Kultur glaubten.

Die Literarisierung des Schauplatzes

Der Kaukasus wurde von einem geographischen Schauplatz auch zu einem Schauplatz der Wissenschaft und der Literatur. Vor allem die Dichter der russischen Romantik entdeckten die Region als Hintergrund und Sujet ihres neuartigen Empfindens, ihrer veränderten Weltsicht und auch ihres mehr oder weniger offen artikulierten politischen Protestes. Schon oft ist bemerkt worden, daß die russische Literatur sozusagen mit einem Schlage, nach nur kurzen epigonalen Anfängen, zur Weltliteratur wurde, beginnend mit Alexander Sergejewitsch Puschkin. Er setzte eine literarische Entwicklung in Gang, die ein ganzes Zeitalter prägte. Und dieses Zeitalter ist untrennbar mit dem Kaukasus und seiner Einverleibung verbunden. Diese orientalische Region bedeutete für die russischen Menschen das gänzlich Andere, Geheimnisvolle, Exotische. Doch nur die Literaten – und daneben die Soldaten – hatten Gelegenheit, jene andere Welt längere Zeit persönlich in Augenschein zu nehmen.

Man muß sich zunächst einmal klar machen, wie jenes Rußland vor der kaukasischen Eroberung aussah. »Im Jahre 1825 lebten im Russischen Reich neunundvierzig Millionen Menschen, sechsunddreißig Millionen von ihnen als leibeigene Bauern«, schreibt Henry Troyat (eigentlich Lew Tarassow) in seiner schon klassisch zu nennenden Puschkin-Biographie. Das Jahr 1825 brachte den gescheiterten Aufstand der Dekabristen, jener Offiziere, die im Monat Dezember – daher der Name »Dekabristen« – vergeblich versucht hatten, die Autokratie zu stürzen und durch ein anderes Regime zu ersetzen. Fünf der Verschwörer, unter ihnen der romantische Dichter Kondratij Rylejew, wurden öffentlich hingerichtet. Drückend lastete die Autokratie auf dem Land. Die adeligen Gutsbesitzer waren bisweilen Herren von Tausenden Leibeigenen, mit denen sie, wie Troyat bemerkt, »nach Gutdünken« verfahren konnten. Sie konnten sie gut behandeln, was manches Mal vorkam, aber auch ungestraft zu Tode prügeln. Ständig lebten viele der leibeigenen Diener zum Beispiel in der Furcht, zur Armee abgeschoben zu werden. Die Dienstzeit des gemeinen Soldaten, den später Tolstoj so treffend schilderte, betrug normalerweise 25 Jahre. Er hatte bevorzugt auch im Kaukasus zu kämpfen.

Die jungen Dichter Rußlands, die Feuerköpfe wie Puschkin oder Lermontow, empörte das. Man kann sehr gut verstehen, daß sie, enttäuscht über die eigene politische Hilflosigkeit, in die Ferne zu schweifen begannen, nicht nur in der Realität, sondern auch mit den Mitteln der Phantasie. Aus dem Flachland der endlosen russischen Ebenen und Steppen lockten sie die Berge des Kaukasus zu Abenteuern, zu einem anderen, aufregenderen Leben jedenfalls, als es die Adelsgesellschaften in Moskau oder Sankt Petersburg, die »Adelsnester«, wie Iwan Turgenjew sie später nannte, mit ihren immer gleichen, ermüdenden Traditionen, Festen und Bällen zu bieten hatten. Im Windschatten der zaristischen Armeen zogen einige von ihnen in die Schluchten und Täler des Kaukasus, doch auch dessen Gipfeln entgegen. Sie suchten dort zum einen Vergessen und Betäubung, zum andern jedoch eine Freiheit und Ungebundenheit, die ihnen ihre eigene, in »Kasten« gegliederte Gesellschaft nicht bieten konnte. Meistens selbst Angehörige des Adels, versuchten sie dem zu entkommen, was die russische Sprache als »skuka«, Langeweile, bezeichnet. Eine gehobene Blasiertheit ist das, ein Lebensstil des reichen Vegetierens und Zeit-Totschlagens ohne tieferen Sinn und Verstand. Die Soziologie und die Literaturwissenschaft sprachen später von der Kategorie des »überflüssigen Menschen« in der klassischen russischen Literatur. Ein Musterbeispiel dafür ist Petschorin, die Hauptfigur in Lermontows Roman »Ein Held unserer Zeit«, der in Georgien beginnt.

Es ist ein ganzes Tableau berühmter Namen, deren Werke mit dem Kaukasus als Schauplatz und persönlichem Lebenshintergrund verknüpft sind. Alexander Puschkin, der große Schöpfer der russischen Weltliteratur und wichtigste Vertreter ihrer Romantik, war schon zur Zeit der Eroberungen ein Enfant terrible. Zwei des Atheismus verdächtigte Artikel sowie seine offen bekundeten Sympathien für die Dekabristen hatten ihm Verbannung eingebracht. Der Zar selbst stellte ihn unter sein Kuratel. Dann gründete er die dritte Abteilung der Geheimpolizei, die unter der Leitung des Grafen Benckendorff stand und einzig und allein die Aufgabe hatte, den »gefährlichen Freigeist« Puschkin zu überwachen. Puschkin floh in den Süden, um sich dort inspirieren zu lassen und den Duft der Freiheit und Ungezwungenheit zu genießen. Sein trübes und blutiges Ende ist bekannt. Er fiel im Duell mit dem Verführer seiner jungen Frau, gerade einmal 38 Jahre alt.

Puschkins Lyrik und vor allem die Prosa sind ohne seine Erfahrungen im Kaukasus nicht denkbar. Das Poem »Der Gefangene im Kaukasus« ist ebenso deren Resultat wie sein Prosastück »Die Reise nach Erzurum«, die Puschkins Erlebnisse des Jahres 1829 erzählt. Das erste Poem steht für einen bloß imaginierten Kaukasus, das zweite Werk für den erlebten. Er reiste damals im Windschatten der zaristischen Truppen, die unter den Generälen Paskjewitsch und Jermolow Krieg gegen die Türkei und Iran führten, wobei auch schon der Kampf gegen die »Bergvölker« begonnen hatte – entlang der Georgischen Heerstraße nach Süden. Tbilissi war Hauptquartier und Etappe. Die russischen Truppen eroberten Eriwan aus den Händen der Osmanen und stürmten bis nach Kars vor, das heute im Osten der Türkei liegt, damals aber zwischen Osmanen und Russen heftig umkämpft war. Vornehmlich Armenier siedelten dort. In seinem Poem »Die Fontäne von Bachtschisaraj« hat Puschkin schließlich die tatarische Krim zum Sujet seiner Dichtung erkoren. Seine Reiseaufzeichnungen von 1829 sind nicht frei von kritischen Anmerkungen zu den Zielen des Feldzuges. Der Dichter spürt, daß sein Land Schwierigkeiten mit jenen fremden Völkerschaften haben wird, die es jetzt unterwirft. Dabei war die Aktivität teilweise von Rußlands Gegnern ausgegangen. Der Tod Alexanders I. und der kurz danach ausbrechende Dekabristen-Aufstand hatten den persischen Kronprinzen Abbas Mirza dazu verführt, einen Feldzug gen Norden einzuleiten mit dem Ziel, die vormals von Iran beherrschten oder doch abhängigen Gebiete Transkaukasiens zurückzugewinnen. Er wollte Rußlands Schwäche ausnutzen. Die Anstrengung war vergeblich, denn mit der Niederlage gegen General Paskjewitsch verlor Persien endgültig die Gebiete nördlich des Araks-Flusses.

Ein Bruder Puschkins im Geiste war Alexander Sergejewitsch Gribojedow. Dieser hatte sich in Petersburg und Moskau mit der

Komödie »Verstand schafft Leiden« einer ätzenden Satire auf die Dummheit der Gesellschaft, insonderheit der besseren Kreise, ebensowenig Freunde gemacht wie mit religionsskeptischen Äußerungen, die denjenigen Puschkins ähnelten. Gleichwohl blieb Gribojedow unbehelligt, war er doch glänzend begabt, eine Zierde seines diplomatischen Korps. Auch Gribojedow hatte zu denjenigen gehört, die in den Dekabristen-Putschversuch eingeweiht gewesen waren. Doch der Zar machte ihn zum Leiter seiner Kaukasus-Diplomatie mit dem Hauptquartier in Tiflis. Gribojedow lernte dort die dunkeläugigen georgischen Frauen lieben und die kachetischen Weine schätzen. Mit Türken und Persern verhandelte er geschickt und durchaus loyal gegenüber seinem schwierigen Vaterland, das ihn so peinigte. Bis heute ist Gribojedow eine Figur, welche die Phantasie der Nachgeborenen anregt. Puschkin hatte ihn im Jahre 1828 in Petersburg kennen und schätzen gelernt. Hören wir, auf welch tragische Weise sich die letzte Begegnung der beiden vollzog. In seiner »Reise nach Erzurum« schreibt Puschkin: »Ich ritt durch den Fluß. Zwei Ochsen, vor eine Arba gespannt, erklommen die steile Straße. Einige Georgier begleiteten die Arba. Wo kommt ihr her, fragte ich sie. Aus Teheran. Was führt ihr mit euch? Gribojedow. Es war der Körper des getöteten Gribojedow, den sie nach Tiflis begleiteten. Nie hätte ich gedacht, je noch einmal unserem Gribojedow zu begegnen! Wir schieden im vergangenen Jahr in Petersburg, vor seiner Abreise nach Persien. Er war bekümmert und hatte sonderbare Vorahnungen. Ich wollte ihn beruhigen.«

Was war geschehen? Der Zar hatte den Dichter von Tiflis aus nach Teheran gesandt mit der Aufgabe, bei dem Schah Fath Ali aus dem Hause der Qadscharen auf die Verwirklichung des Vertrages von Turkmantschaj zu dringen. Doch vor der russischen Gesandtschaft in der neuen, gerade erst einmal dreißig Jahre alten Hauptstadt Irans kommt es zu einer Massendemonstration, an der etwa hunderttausend Menschen, fast die gesamte Einwohnerschaft der Stadt, teilnehmen. Die aufgeheizte Stimmung dürfte derjenigen in den Tagen der »islamischen Revolution« unter Ayatollah Khomeini nicht unähnlich gewesen sein. Die Menge umringt Gribojedow, der auf einem Schimmel reitet. Da wird den gläubigen Schiiten bewußt, daß ja auch Ibn Saad, der Mörder ihres größten Heiligen, Hussein, einen Schimmel geritten habe. Der ohnehin schon entfachte Volkszorn steigert sich zum Paroxysmus. Man zerrt den Dichter und Gesandten vom Pferd und lyncht ihn unter dem Gejohle der umstehenden Demonstranten. Ein Schaschlik-Verkäufer schlägt ihm den Kopf ab und steckt ihn auf eine Stange, die die Menge vor sich herträgt. So jedenfalls beschreibt es Juri Tynjanow, ein Schriftsteller der sowjetischen Zeit, in seinem Roman »Der Wesir-Muchtar«. Ob es ganz so dramatisch war, wissen wir nicht, aber nur erfunden war es wohl auf keinen Fall.

Ebenfalls einen gewaltsamen Tod fand der nächste, dem Kaukasus eng verbundene Dichter, Michail Jurjewitsch Lermontow. Anders als Puschkin, dessen Reise nach Erzurum eine Episode blieb, konnte Lermontow eigentlich nur noch in der kaukasischen Region leben. Sein Charakter wird auf eine Weise beschrieben, zu deren Kennzeichnung das Wort »schwierig« unbefriedigend erscheint. Er trieb den Byronismus, den Weltschmerz und die Nachahmung dieses großen englischen Dichters, auf die Spitze. Lermontow war unbotmäßig und renitent in einem umfassenden Sinne des Wortes, getrieben von einer unruhigen Seele, die er selbst als dämonisch empfand. So trägt auch eines seiner bekanntesten lyrischen Gedichte den Titel »Der Dämon«. Lermontow haßte das höfische Leben und konnte sich doch nur unvollkommen von ihm lösen – wie alle Angehörigen der russischen Oberschicht. Man geht kaum fehl, wenn man annimmt, daß sein Romanheld Petschorin, ein Protagonist des Unbehausten und der Ziellosigkeit, ein Vorläufer der Moderne, persönliche Züge des Dichters trägt. Lermontow verkörpert die mehr dunkle, unheimliche Seite des romantischen Wesens, er kann als Vorläufer dessen angesehen werden, was wenige Jahrzehnte später Turgenjew als »Nihilismus« bezeichnet hat.

Lermontow wurde 1814 in Moskau geboren. Seine Offizierslaufbahn verlief unstet. Da er in ein Duell verwickelt war, wurde er schließlich in den Kaukasus verbannt. Entscheidender dürften jedoch seine aufrührerischen Verse gewesen sein, in denen er den Petersburger Hof und die herrschenden Kreise beschuldigt hatte, sie seien schuld am gewaltsamen Tode Puschkins, der zusammen mit Byron sein Idol gewesen war. Man habe Puschkin ganz bewußt zu dem Duell provoziert, dem er schließlich zum Opfer fiel, um den lästigen Mahner und kritischen Geist loszuwerden. Es ist verblüffend zu sehen, wie sich im Falle Lermontows die Dinge gleichen. Als habe jemand Regie geführt, starb auch er in einem Duell mit einem Major außer Diensten namens Martynow. Das Duell fand im Sommer 1841 in der nordkaukasischen Stadt Pjatigorsk statt. Als der Zar die Nachricht vom Tode des Poeten erhielt, soll er sie mit den Worten kommentiert haben: »Einem Hunde gebührt ein hündischer Tod«.

Lermontows Wesen als Mensch und Dichter war aufs engste mit dem Kaukasus verwoben. Er selbst brachte dies viele Male zum Ausdruck, am beredtesten wohl in jenem Gedicht, das im Jahre 1830 entstand und den Titel »Mein Kaukasus« trägt. Sein Verfasser war damals sechzehn Jahre alt und hatte die Landschaft seiner Sehnsucht erst flüchtig gesehen:

Ich war noch ein Kind, als von euch ich schied,
Ihr südlichen Berge. Doch wer euch gekannt,
Behält euch im Herzen, so wie ein Lied,
Ein Lied von der Heimat, vom Vaterland,
Mein Kaukasus, du meine Liebe.

Ein Kind war ich, als ich die Mutter verlor,
Doch klingt mir noch heute, wenn der Abend naht,
Der Widerhall ihrer Stimme im Ohr,
Als rufe mich zu deiner Gipfel Grat
Mein Kaukasus, du meine Liebe.

Ihr Felsen, ihr Schluchten, wie glücklich ich war
Mit euch, und ich sehne mich nun zurück
Nach jenem göttlichen Augenpaar,
Nach ihrem mein Herz beglückenden Blick ...
Mein Kaukasus, du meine Liebe.

Überdruß und Langeweile, kontrastiert mit der Wildheit der Natur und der erfahrenen oder bloß vorgestellten Archaik der in ihr lebenden Menschen, sind auch die Themen in Leo Tolstojs Werken, soweit sie sich mit dem Kaukasus befassen. Der aus dem Hochadel stammende Schriftsteller brachte persönliche Erfahrungen als Offizier in seine Erzählungen und Romane ein, dazu eine Kenntnis des Orients, die er als – wenn auch nur flüchtiger – Student der Orientalistik an der Universität von Kasan in seiner Jugend erworben hatte. Es waren wohl mehr praktische denn theoretische Kenntnisse, die er in der Hauptstadt der Tataren erwarb. In dem relativ kurzen Roman »Die Kosaken« verarbeitet er offenkundig eigene Erlebnisse in der kaukasischen Grenzregion am Fluß Terek und in der Etappe von Temir Khan Schura. In der längeren Erzählung »Hadschi Murad« behandelt Tolstoj genau jene Epoche der Eroberung des Kaukasus, deren Geschichte durch die Tschetschenienkriege wiederzukehren scheint, die Zeit Schamils und seiner Muriden. In der Erzählung ist der Held Hadschi Murad, einer der wichtigen historischen Unterführer des dagestanischen Imams, der 1854 im Kampf getötet wurde. Tolstojs Werk ist die vielleicht farbigste und geglückteste Darstellung der Kaukasier vor dem Hintergrund der historischen Ereignisse. Besonders hervorzuheben ist die Kritik an der Vorgehensweise der eigenen Leute, der russischen Generalität, gegen die »Feinde«, in denen Tolstoj den Mitmenschen erkennt und achtet. »Hadschi Murad« ist ein gänzlich unchauvinistisches Werk, was sich nicht von allen thematisch verwandten literarischen Erzeugnissen sagen läßt. Realistisch und erschütternd bei Tolstoj ist auch die Gestaltung der einfachen russischen Soldaten, die, weitgehend rechtlos, als »Menschenmaterial« eingesetzt werden. Ähnlichkeiten mit heutigen Verhältnissen sind verblüffend.

Wie ist nun diese Literarisierung des Schauplatzes insgesamt einzuschätzen? Daß hier große Literatur entstand, kann niemand bestreiten. Daß der Kaukasus eine Erlebniswelt für die Russen darstellte, in der diese große Literatur wachsen konnte, ist ebenfalls klar. In letzter Zeit ist allerdings gefragt worden, ob die großen Dichter Rußlands – und auch Ausländer, wie der Deutsche Friedrich Bodenstedt oder Alexandre Dumas – nicht, ohne es zu wollen, den Strategen des russischen Imperialismus die Stichworte und auch die Rechtfertigung gegeben haben. Diesen Vorwurf hat unlängst eine indische Rußlandkennerin, Kalpana Sahni, Professorin an der Jawaharlal Nehru-Universität in Neu-Delhi, in ihrem Werk »Crucifying the Orient. Russian Orientalism and the Colonization of the Caucasus and Central Asia« erhoben. Die Wissenschaftlerin stützt sich dabei auf die vor mehr als zwanzig Jahren in Amerika erschienene Studie »Orientalism« des amerikanischen Literaturwissenschaftlers palästinensischer Herkunft Edward W. Said. Deren Grundthese hatte gelautet: Die westliche Orientalistik und die sogenannte Orient-Literatur der europäischen Romantiker haben den »Orientalen« mehr erfunden als genau erforscht und beschrieben. Wissentlich oder auch unwissentlich hätten sie die orientalische Kultur und ihre Menschen in einem Licht gezeigt, das dem Kolonialismus die zivilisatorische und moralische Rechtfertigung geboten habe, den Orientalen gewißermaßen erst »orientalisiert«. Auf die russischen Romantiker bezogen, meint Professor Sahni, sie hätten, begeistert vom gänzlich anderen Leben der Kaukasier, von ihnen instinktiv ein Gegenbild zum zivilisierten Menschen gezeichnet, den »wilden Krieger«, der immer »Blutrache übt«, der »Frauen raubt« und »Köpfe abschlägt«, den tollkühnen Reiter und Kämpfer, ungehobelt und erfüllt von »religiösem Fanatismus«.

Die indische Gelehrte hat von ihrem Standpunkt – innerhalb der »Dritten Welt« – nicht unrecht, wenn vielleicht das eine oder andere ihrer Urteile auch überzogen sein mag. Wohlverstanden – all diese Verhaltensweisen, welche die russischen Dichter schildern, hat es gegeben; doch in ihrer Häufung und Stereotypisierung verfehlen sie die uralten Kulturen dieser Region. Die christlichen Kulturen der Armenier und Georgier sind viel älter als die der christianisierten Russen, und auch die kaukasischen Muslime waren Teil einer anderen großen Weltkultur: des Islams. Schamil der Aware, der Führer des Aufstandes, mag zwar in den Augen der Dichter und der Soldaten, die gegen ihn kämpften, eine archaische, vielleicht sogar Schrecken erregende Gestalt gewesen sein – er war aber nicht kulturlos, sondern Angehöriger des awarischen Hochadels. Als solchen muß man ihn prinzipiell mit dem Zaren gleichstellen, auch wenn dies den Russen damals wie Aberwitz erschienen wäre. Die kaukasischen Gesellschaften, ob christlich oder islamisch, waren auf ihre Weise genauso hoch entwickelt wie die russische, in manchem standen sie vielleicht sogar über dieser.

Man kann über solche kritischen Anmerkungen, wie sie Edward Said oder Kalpana Sahni gemacht haben, trefflich streiten, ihnen ebenso große Einseitigkeit vorwerfen wie denjenigen, die sie kritisieren, und vieles mehr. Sie haben aber doch dazu geführt, kritischer und auch selbstkritischer mit der eigenen Geistesgeschichte und ihren politischen wie gesellschaftlichen Folgen und Implikationen umzugehen. Daß die Völker des Kaukasus auf eine viele Jahrhunderte währende Geschichte zurückblicken, die den Vergleich mit westlich-europäischer Geschichte nicht zu scheuen braucht, werden wir in den folgenden Kapiteln zeigen. Als sich, um nur dieses Beispiel zu nennen, der georgische Adel im Jahre 1801 »freiwillig« unter die Oberhoheit des Zaren stellte, hatte er gewiß nicht das Gefühl, weniger zu gelten als das vergleichsweise junge Herrscherhaus der Romanows in Sankt Petersburg. Ähnliches dürfte für die Führung des armenischen Volkes gelten, vom sprichwörtlichen Stolz der muslimischen Herrscher gar nicht zu reden.

KAPITEL 3

Georgien und Armenien – Die christlichen Reiche

1. Georgische Miniaturen

Georgische Nachnamen enden alle auf »wili« oder »adse«, hatten wir einmal in der Schule gelernt, als wir im Geographieunterricht auf den fernen Kaukasus zu sprechen kamen. Das war eine der wenigen Informationen über diese Region damals. Der Kaukasus lag weit hinter dem Eisernen Vorhang. Die Georgier sind, wie die Armenier, Christen; aber viel mehr weiß man bis heute nicht über sie im ebenfalls christlich geprägten Europa. Dieses Schicksal teilen sie mit den übrigen Christen im Orient, die auch kaum jemand kennt, was die Sache allerdings nicht besser macht. Die modernen Europäer kümmern sich heute gerne um exotische Völker in fernen Welten und Kontinenten, interessieren sich für fremde und malerische Bräuche und Traditionen, nehmen begeistert religiöse Lehren aus dem Hochland von Tibet oder den Dschungeln Indiens in sich auf – doch das Geschick anderer Christen außerhalb ihres engen Gesichtskreises kümmert sie nur am Rande.

Das mit den georgischen Nachnamen stimmt übrigens häufig, wie der von Jossif Wissarionowitsch Dschugaschwili, genannt Stalin, und der von Eduard Schewardnadse, dem heutigen Staatspräsidenten der unabhängigen Republik Georgien, zeigen. Es gibt aber auch Georgier, deren Namen – wie der des bekannten Kommunisten Ordschonikidse – auf »idse« enden. Ansonsten ist die georgische Sprache, klangvoll, mit langen Wörtern ausgestattet, im Westen so unbekannt wie das ganze Volk. Bis heute gibt das Georgische den Forschern Rätsel auf, da es in keine der bekannten Sprachgruppen eingeordnet werden kann. Vielen Europäern gilt es als unerlernbar. Ihren vollen Klang entfaltet die georgische Sprache, wenn sie gesungen wird. Auch das ist typisch. Die Georgier lieben, folgt man den Angaben gewißer Schriftsteller, den Wein, die Frauen und den Gesang. Aus diesem Grund hat man sie schon als die »Italiener des Kaukasus« bezeichnet. Nicht allein ihre überbordende Gastfreundschaft, sondern ihr ganzer Charakter neigt dazu, üppige Gastmahle und Festivitäten abzuhalten, bei denen man es sich wohl sein läßt. Trinkspruch folgt auf Trinkspruch, improvisiert und zugespitzt bis zum Überschwang. Und mit vielen anderen Völkern des Orients haben die Georgier gemein, daß sie imstande sind, hochstehende Stegreifdichtung zu verfassen. Schon Puschkin pries in seinen Aufzeichnungen die Schönheit der georgischen Frauen und das rubinartige Feuer der georgischen Weine. Er erlebte die georgische Hauptstadt Tiflis als Befreiung.

Die Georgier oder Kartwelier, wie sie sich selbst nennen, lieben heute die Bezeichnung »Tiflis« nicht besonders. Sie stammt von den Russen. Deshalb sieht man es lieber, wenn man die Stadt mit ihrem einheimischen Namen »Tbilissi« nennt, was ungefähr soviel bedeutet wie: Stadt bei warmen Quellen. So weist der Name auf den Ursprung und Grund der Ansiedlung zurück. Tbilissi hat heute 1,7 Millionen Einwohner. Insgesamt leben fünfeinhalb Millionen Menschen in Georgien, fast siebzig Prozent davon stellen die Georgier, während sich der Rest auf Minderheiten wie die Abchasen, Osseten, Lesgier, Adscharen und Lasen (muslimische Georgier), Aseri und die verbliebenen Russen verteilt. Mit knapp 70000 Quadratkilometern Fläche ist Georgien nur unwesentlich kleiner als Bayern. Der größte Teil des Landes ist gebirgig. Nach Tbilissi sind Kutaissi im Westen, Suchumi, an der abchasischen Riviera gelegen, der Industrieort Rustawi unweit der Hauptstadt und der Hafen Batumi die größten Städte.

Es ist der Frühsommer des Jahres 1994. An einem schwülen Abend bin ich in Tbilissi eingetroffen. Oberhalb der Altstadt, deren Besichtigung sich jederzeit lohnt, hat die Regierung ein modernes Fünf-Sterne-Hotel errichten lassen, im Patiostil. In der Umgebung stehen Häuser, die man als ärmlich bezeichnen muß. Es ist noch nicht lange her, da lungerten in der Lobby des Hotels, wie ich höre, schwerbewaffnete Banden herum, oder sie belegten gar die Zimmer.

Was dort vor sich ging, wußte niemand und wollte auch niemand wissen. Bisweilen, so berichtet einer der Portiers, schossen sie in die Decken, so daß man die Einschußlöcher mühsam beseitigen mußte. Doch jetzt ist der Bürgerkrieg beendet. Swiad Gamsachurdia, der Herausforderer Eduard Schewardnadses, hat aufgegeben und ist mittlerweile tot. Schewardnadse sitzt als Präsident fest im Sattel. »Nur er kann den Georgiern jetzt die Stabilität vermitteln, die das Land braucht«, sagen die deutschen Diplomaten in Tbilissi, das zu jener Zeit noch der diplomatisch wichtigste Ort im Transkaukasus war. Da haben sie wohl recht. Das Bandenwesen gibt es freilich noch immer, es hat Tradition im Land der Georgier.

Tbilissi ist eine schöne, ja faszinierende Stadt. Schon die russischen Romantiker priesen ihre Schönheit. »Ich fuhr mit Postpferden aus Tiflis ab.« Mit diesem kurzen, aber vielsagenden Satz beginnt Lermontows Roman »Ein Held unserer Zeit«, der vor der archaischen Kulisse des Kaukasus spielt. Der breite Rustaweli-Boulevard, an dem auch die meisten Ministerien und Ämter liegen, lädt allezeit zum Flanieren und Einkehren ein. In diesen Tagen sieht man noch einige zerschossene Häuser – Zeichen des Bürgerkrieges, der vor knapp zwei Jahren auch die Prachtstraße zum Kriegsschauplatz werden ließ. Die Altstadt erinnert in ihrer orientalischen Bauweise – viele der Gebäude sind noch aus Holz – an andere, weiter südlich gelegene Städte des Orients. Niedrige Häuser mit vorkragenden Balkonen ducken sich im Schatten der Metechi-Kirche und der schiitischen Moschee, die einst von den Persern errichtet wurde. Noch heute hat das Land eine Minderheit von etwa 400000 Muslimen, darunter sind teilweise Osseten, teilweise Abchasen, Aserbaidschaner (Aseri), vor allem aber die Adscharen und Lasen nahe der Grenze zur Türkei, das heißt im Gebiet von Batumi. Jenseits der Grenze, auf türkischem Gebiet, leben mit den Lasen Muslime, die türkische Staatsbürger sind, aber ethnisch und sprachlich den Georgiern nahestehen. Das Ende der Sowjetunion und die Unabhängigkeit Georgiens haben einen lebhaften kleinen Grenzverkehr möglich gemacht, der noch wenige Jahre zuvor undenkbar erschien. Doch die Grenze mit der Türkei ist auch für den Handel offen. Im Hotel bemerkt man das an den vielen Süßigkeiten und Keksen der türkischen Marke »Ülker«, die angeboten werden. Ich muß an den 1993 verstorbenen türkischen Staatspräsidenten Turgut Özal denken, der immer davon geträumt hatte, die Verbindungswege zwischen seinem Land und der transkaukasischen Region wieder zu beleben. Kurz vor seinem Tod hatte er immerhin noch erlebt, daß der Übergang von Sarp bei Batumi geöffnet wurde, und er konnte auch noch nach Aserbaidschan reisen.

Wie alle anderen nach dem Auseinanderbrechen der Sowjetunion entstandenen Staaten hat auch Georgien zunächst einen ökonomischen Einbruch ohnegleichen erleben müssen, der erst in der zweiten Hälfte der neunziger Jahre gestoppt werden konnte. Freilich hatte am Niedergang, der im Grunde ein freier Fall war, auch die militärische Gewalt einen großen Anteil, deren Auswirkungen man noch heute sieht. Zunächst der Krieg mit den Abchasen, der 1993 mit der faktischen Abspaltung dieser Provinz endete, dann der Bürgerkrieg mit Swiad Gamsachurdia und seinen Anhängern. Ganz am Ende des Rustaweli-Boulevards erhebt sich das »Hotel Iberia«, in dem noch heute viele Hunderte von georgischen Flüchtlingen aus Abchasien untergebracht sind. Sie warten und hoffen darauf, daß Präsident Schewardnadse und die Regierung eines Tages die abchasische Sezession beenden und ihnen die Rückkehr in ihre heimatlichen Dörfer und Städte ermöglichen werden. Wann dies geschehen wird, ist ganz ungewiß, gegenwärtig scheint die Regierung in Tbilissi wenig tun zu können. So beläßt es Schewardnadse bei markigen Reden, tun kann er wenig. Da mag es immerhin ein Trost sein, daß die abtrünnige Provinz Abchasien auch international noch immer als ein Teil Georgiens gilt, wie auch die Provinz Südossetien, in der die staatliche Autorität Tbilissis nur eingeschränkt gilt. Denn auch die Osseten hatten in ihrer Provinzhauptstadt Zchinwali zu Beginn der neunziger Jahre den Aufstand geprobt, ohne allerdings so erfolgreich zu sein wie die Abchasen. Das lag vor allem daran, daß die abchasischen Irredentisten massiv von den Russen unterstützt worden waren, während die Osseten einzig auf eine gewiße Hilfe von ihren Brüdern in Nordossetien zählen konnten. Ohne die Unterstützung der Russen hätte Abchasien mit seiner Sezession keinen Erfolg gehabt.

Das heutige Georgien wird denn auch von zwei großen Gefahren bedroht: von der eigenen Uneinigkeit unter bestimmten führenden Familien und von den Russen, wobei die Russen die stärkere Gefahr darstellen. Im Unterschied zu Aserbaidschan, wo es gelungen ist, die Truppen Moskaus nach Hause zu schicken, so daß sich kein einziger russischer Soldat mehr auf aserbaidschanischem Territorium aufhält, unterhält die Russische Föderation noch Soldaten in Georgien. Die Georgier wollen diesen »Schutz«, der ihnen aus sowjetischer Zeit geblieben ist, gar nicht mehr haben, aber sie sind zu schwach, um sich hier dem Willen Moskaus zu widersetzen. Wie wir noch sehen werden, befürchtet man in Tbilissi nicht zu Unrecht, eines Tages könnte Moskau doch versucht sein, das abtrünnige, seit 1991 unabhängige Georgien wieder heim ins Reich zu holen. Georgien ist unter den drei transkaukasischen Republiken im Augenblick wohl der labilste Staat.

Wir sind ein Stück nach Norden gefahren, auf der berühmten Georgischen Heerstraße, die Tbilissi mit Wladikawkas verbindet und die wichtigste Nord-Süd-Verkehrsader des Kaukasus darstellt. Es ist schon sommerlich warm. Als der Bus um die Ecke biegt, bietet sich ein grandioser Anblick: Über uns thront, zum Greifen nahe, der über 5000 Meter hohe, schneebedeckte Gipfel des Kasbek. Schon Friedrich Bodenstedt, der berühmte Kaukasus-Reisende und Schöpfer der köstlichen »Lieder des Mirza Schaffy«, der sich auf die recht beschwerliche Art der damaligen Zeit zwischen Baku und Suchumi bewegte, hat im neunzehnten Jahrhundert dieses Tal und die Berge um den majestätischen Kasbek beschrieben.

Vom strahlenden Blau eines fast unendlich wirkenden Himmels hebt sich, leicht durch den Dunst hindurchschimmernd, die weiße Gipfelpyramide ab. Davor, auf einem der frisch grün blinkenden Grasberge, erhebt sich ein georgisches Kirchlein mit dem charakteristischen kegelförmigen Spitzdach. Vor dem Hintergrund des Eisriesen wirkt die alte Kirche doppelt eindrucksvoll. Friedlich ist das Bild, friedlich ist die Landschaft, und friedlich sind auch die Menschen, die uns gastlich bewirten. In wenigen Minuten bringt uns dann der Hubschrauber zu dem Kirchlein, auf dessen erhobenem Vorplatz eine georgische Tanzgruppe auftritt.

Ich gehe einige Schritte zur Seite, denn das Singen und Tanzen paßt so gar nicht zu diesem einsamen Ort. Der Gipfel des Kasbek wirkt von hier aus zum Greifen nah. Hinter seinem Gipfel und Kamm, ziemlich genau in einer geraden Linie, tobt der erste tschetschenische Krieg. Wie mag es da aussehen, denke ich, auf der anderen Seite der so stillen Berge. Nicht wenige Georgier sympathisieren mit den Tschetschenen, obschon sie das eher zurückhaltend deutlich machen. Obgleich die Georgier ein christliches Volk sind, ist doch auch bei ihnen der muslimische Imam Schamil nicht unbeliebt. »Er war ein Kaukasier, einer von uns«, sagt wenig später ein Mann beim Mittagessen. Die Regierung in Tbilissi freilich betrachtet die Vorgänge jenseits der Grenze mit großer Sorge. Nur keine Vorwände liefern, nur nicht Anlaß geben für russischen Zorn! Es ist zu diesem Zeitpunkt ein offenes Geheimnis, daß Tschetschenen versuchen, über die georgische Grenze zu flüchten. Wenn es Kämpfer sind, ist das doppelt schlimm. »Nur Eduard Schewardnadse kann dem Land auf Dauer Stabilität verleihen.« Hier hören wir es schon wieder. So muß es wohl stimmen. Einige Wochen danach erfuhren wir an den Bildschirmen, daß inmitten von Tbilissi Attentäter einen Sprengstoffanschlag auf den Staatspräsidenten verübt hatten. Daß die Hintermänner unter den Anhängern des gescheiterten Präsidenten Gamsachurdia zu suchen seien, war damals die erste Vermutung. Doch es gibt auch andere, die an die Macht wollen oder zumindest erreichen möchten, daß Schewardnadse nach ihrer Pfeife tanzt. Gamsachurdia jedenfalls war eine Figur gewesen, wie sie vielleicht nur in solchen Gegenden anzutreffen ist, wo bizarre Gegensätzlichkeit zur Normalität gehört. Inzwischen hat sich das Häuflein seiner Anhänger in die Bedeutungslosigkeit verabschiedet.

Von dem stillen Kirchlein ist es nicht weit nach Gori. Die Straße zweigt von der alten Heerstraße einige Kilometer nach Westen ab. Wer den zwar lebhaften, aber nicht über Gebühr quirligen Ort sieht, kann sich kaum vorstellen, daß hier Stalin geboren wurde, der zweite große Völkermörder und Menschenschinder des zwanzigsten Jahrhunderts. Das einfache Geburtshaus, wo der spätere Priesterseminarist, dann bolschewistische Geldräuber »Koba« und anschließende Diktator der Sowjetunion groß wurde, ist die einzige moderne Attraktion der Stadt. Eine Attraktion zudem, die den ganzen Zwiespalt der georgischen Seele in unseren Tagen aufzeigt. Zwar wissen die Georgier ganz genau, was Jossif Dschugaschwili angerichtet hat, doch sind noch immer viele stolz darauf, daß er es war, der als Georgier das sowjetische Riesenreich beherrschte. Stalin – das ist für viele der Georgier gerade auch der Sieger im Großen Vaterländischen Krieg gegen die Deutschen. Es wird wohl Generationen dauern, bis das historisierende Bewußtsein der Moderne, das Menschenrechte für weitaus wichtiger hält als alle Formen der Herrschaft, auch zu einem Umdenken in Sachen Stalin bei den Georgiern führen wird.

Mzcheta – Keimzelle von Reich und Nation

Andere Rückgriffe in die Geschichte sind weitaus unproblematischer. Das sieht man in dem Ort Mzcheta, der für die Georgier heilig ist. Nur wenige Kilometer nördlich von Tbilissi und gleichfalls an der alten Heerstraße gelegen, kann man über das Gelände der alten georgischen Hauptstadt streifen. Vom vierten vorchristlichen bis zum fünften nachchristlichen Jahrhundert lag hier nämlich das politische und geistliche Zentrum Georgiens. Mzcheta ist so etwas wie die Keimzelle Georgiens und seiner historischen Staatlichkeit. Viele Jahrhunderte lang weilte hier auch das Oberhaupt der georgischen autokephalen Kirche, ihr ranghöchster Patriarch, der Katholikos. Dieser residiert als Primus inter pares jetzt in Tbilissi, in einem relativ bescheidenen Gebäude übrigens. Patriarch Ilja II. ist der vorläufig letzte einer langen Reihe von Kirchenoberhäuptern, die im Grunde schon mit der heiligen Nino, der Erleuchterin, beginnt. Sie hatte in Mzcheta für die Einführung des Christentums geworben, das von König Mirian schließlich durchgesetzt wurde.

Die alte Stadt Mzcheta ist heute vor allem ein Kleinod der christlich-georgischen Baukunst, der sakralen vor allem, die große Ähnlichkeit mit der im benachbarten Armenien hat. Als eines der begehrtesten Touristenziele im Land steht Mzcheta fast immer auf dem Programm auswärtiger Besucher. An diesem Morgen sind wir ganz allein, ein junger Priester führt, und einige andere Georgier begleiten uns in ehrfürchtiger Stimmung. Das hat mit uns, den Gästen, nichts zu tun, sondern mit der Altehrwürdigkeit des Ortes. Plötzlich beginnen sie zu singen, mit schönen, tragenden Stimmen, denen man kaum anhört, daß die Sänger Laien sind. Fremdartig näselnd klingen die Laute, mystisch und verinnerlicht. Einige georgische Frauen, die Kerzen entzünden, verharren während des Gesanges im Gebet. So sehr steigern sich die Sänger in ihren Gesang hinein, daß sie gar nicht enden wollen. Zufall oder Absicht? Jedenfalls begreife ich, was die Rückkehr zur Religion den Georgiern bedeutet.

»Auch Präsident Schewardnadse hat sich nach der Wende taufen lassen. Er ist jetzt ein guter Christ«, hatte in Tbilissi der Patriarch gesagt. Die Würdenträger der autokephalen georgischen Kirche bekräftigen einerseits, das Volk habe sich auch während der kommunistischen Diktatur nicht seinen religiösen Glauben rauben lassen; dennoch hätten die atheistische Erziehung und die politische Indoktrination, so sagen sie auch, ihre Wirkung gezeigt, besonders unter der Jugend. Man hat allerdings schon vor der Unabhängigkeit begonnen, auch die jungen Georgier wieder mehr mit der Religion vertraut zu machen, zumal die uralte Kirche des Landes auf das engste mit dem Selbstverständnis der georgischen Nation verknüpft ist. Hier sind die Verhältnisse nicht viel anders als in Armenien, die Umstellungsprozesse von Unterdrückung zur Freiheit eingeschlossen. Der Patriarch in Tbilissi verspricht sich von der Rückkehr zur Kirche vor allem eine Senkung der Kriminalität, überhaupt eine Hebung der Moral, die in den Jahren des Umbruchs erheblich gelitten habe. Der Katholikos wirkt auf den Betrachter, wie alle Geistlichen des Ostens, der östlichen Kirchen, wirken. Es sind Menschen, die kraft ihres Amtes, aber auch durch ihre archaische Kleidung Distanz schaffen. Hier merkt man noch, aus welcher urtümlich-orientalischen Welt auch das Christentum einmal gekommen ist. Und im Orient ist man hier, mögen das manche auch ungern hören. Natürlich gehen die georgischen Männer alleine in das Kaffeehaus. In der Großstadt Tbilissi haben sich die alten Sitten und Gebräuche zwar abgeschliffen, aber ganz verschwunden sind sie noch nicht. Man sollte sich immer vor Augen halten, daß die russischen Künstler, die im neunzehnten Jahrhundert in Tbilissi, bisweilen auch im benachbarten Eriwan lebten, in beiden Städten orientalische Sujets nach Belieben fanden. Sie brauchten nicht erst zu suchen. So lange ist es noch gar nicht her, daß Fürst Gagarin seine Bilder von verschleierten Schönen, von Basaren und Bädern anfertigte. Das war zu jener Zeit, da man gerade der Fremdherrschaft durch die Perser ledig geworden war, dafür aber diejenige der Russen ertragen mußte.

Die Georgier, in mittelalterlichen Quellen oft Iberier genannt, gehören nicht nur zu den ältesten Völkern des Kaukasus, sondern der gesamten Weltgeschichte. Schon assyrische Keilschriften sollen von den Georgiern berichten, oder zumindest von ihren Vorfahren. Iberien war streng genommen nur Ostgeorgien, auch Khartli genannt, heute die Landschaft Kachetien. Westgeorgien (Imeretien und Mingrelien) war das Gebiet, das die Antike schon als Kolchis (Kolchia) gekannt hatte. Dazwischen liegt Inner-Khartli, die Landschaft um Gori und Tbilissi. Aus »khartli« entwickelte sich die Eigenbezeichnung Khartweli für die Georgier oder Sakhartwelo für Georgien. Gleich den Armeniern, denen sie – wie wir noch sehen werden – vieles zu verdanken haben, hatten sie schon viele hundert Jahre vor den meisten mitteleuropäischen Völkern eine Schriftkultur auf der Grundlage eines eigenen Alphabets. Bei der Schaffung der Mchedruli-Buchstaben, der georgischen Ritterschrift, sollen armenische Einflüsse wirksam gewesen sein, was die Georgier nicht so gerne hören. Das Verhältnis zu diesem christlichen Nachbarn war nie einfach, denn so sehr die gemeinsame Religion verband, so sehr trennten doch die unterschiedlichen nationalen und kulturellen Interessen. Es gab Symbiose und Streit. Es gab Zeiten, da mehr Armenier in Tbilissi lebten als Georgier, so etwa um die Wende vom neunzehnten zum zwanzigsten Jahrhundert. Und es gab auch Zeiten, da der armenische Nationalismus in der georgischen Hauptstadt viel stärker aufflammte als in Eriwan. Dies hatte freilich auch mit den jeweiligen Machtverhältnissen in den Südregionen des Kaukasus zu tun.

Vieles an der georgischen Geschichte ähnelt der armenischen oder auch der aserbaidschanischen: in nachchristlicher Zeit zunächst die Eroberungen durch Rom und intensive Kontakte mit ihm. Im fünften Jahrhundert wird Iberien von den sassanidischen Persern besetzt, danach kommen die arabischen Muslime zweimal ins Land. Das ist kurz vor der Machtergreifung der Bagratiden-Familie, die um 800 über Georgien zu herrschen beginnt und erst im Jahre 1801, als das Land russisch wird, endgültig gestürzt wird. König David der Erneuerer bereitet zu Beginn des zwölften Jahrhunderts Georgiens große Zeit vor. Zwischen 1184 und 1213 regiert die Königin Tamara. Unter ihr und ihrem Sohn Lascha erreicht die georgische Ritterkultur des Mittelalters ihren Höhepunkt. Landwirtschaft und Transithandel fördern einen Reichtum, der sich auch kulturell niederschlägt. Georgische Mönche wirken in Griechenland und Palästina. Es ist auch die hohe Zeit der georgischen Ritterepik, als deren berühmtestes Beispiel Schota Rustawelis »Der Held im Tigerfell« (bisweilen auch als der »Held im Pantherfell« zitiert) gelten kann. Es ist eine Epik, die den Vergleich mit der europäischen und persisch-muslimischen epischen Literatur ihrer Zeit aushalten kann, ja die sogar überraschend stark von Persien beeinflußt zu sein scheint. Noch vor Rustawelis Werk, aber auch in der Epoche von Königin Tamara, entstand ein großartiges georgisches Epos, das sein sprachliches Vorbild ebenfalls in Persien hat: das Wisramiani. Es ist die gewißenhafte Übertragung des in neupersischer Sprache verfaßten Versepos »Wis o Ramin« von Fachr al-Din al-Gurgani, einem Großen der iranischen Dichtung, der den Stoff selbst aus mittelpersischen Überlieferungen des Pehlewi bezog. Das Wisramiani zeigt die georgische Sprache auf der Höhe ihrer dichterischen Entfaltung, Rustaweli zitiert aus dieser Übersetzung, die er selbst wohl als musterhaft empfand. Lange Zeit glaubten die Georgier sogar, das Wisramiani, eine Abwandlung der tragischen Geschichte von Tristan und Isolde, sei ein originär georgisches Werk. Die georgische Epik weist jedenfalls, auch was die dazu gehörende Kalligraphie und Miniaturenmalerei angeht, vielerlei Querverbindungen zur neupersischen Literatur etwa seit dem Jahre 1000 auf, was angesichts des großen und langen persischen Einflußes in Transkaukasien, der immer mit türkischen Perioden und Epochen eigenständiger Emanzipation abwechselte, auch nicht verwundert. Bis heute empfinden die Georgier mit ihrer überbordenden Gastfreundschaft, ihrer Liebe zum Gesang, zu Festen und zu Stehgreifgedichten eine innere Affinität zu den Helden ihrer Epen, die überdies auch überaus tapfer sind.

Schota Rustaweli war eine beeindruckende, in manchem recht modern anmutende Gestalt, so daß man die Verehrung, die er unter den Georgiern genießt, erst recht verstehen kann. Er war alles andere als ein Provinzler. Zeitweise soll er sich in Byzanz aufgehalten haben, was freilich nicht sicher belegt ist; auf jeden Fall studierte er Schriften der antiken Klassiker. Sein Weltbild ist vom Platonismus beeinflußt. Er soll auch in die Königin Tamara verliebt gewesen sein, doch zu schüchtern, um sich ihr zu erklären. So blieben ihm seine Dichtungen, die Episoden um den König Rustewan und den Heerführer Awtandil und die Prinzessin Tariel. Wer dächte da nicht an das persische »Königsbuch«, das Schahnameh, oder auch an die arabischen Ritterromane? Die Beeinflussung durch das Persische ist um so erstaunlicher, als die Georgier im Mittelalter die Nähe zu anderen Christen suchten, zum Beispiel zu Byzanz. Während der Kreuzzüge kämpften georgische Ritter zusammen mit Franzosen und anderen Christen gegen die Muselmanen. Noch vor der Regentschaft von Königin Tamara hatte Georgien sogar das muslimische Khanat von Schirwan erobert und eine Zeitlang beherrscht.

Die Epoche der Königin Tamara war Georgiens Goldenes Zeitalter, in dem auch die Baukunst zu ungeahnter Höhe emporstieg. Der Verfall setzte ein, als der Mongolensturm über Vorderasien hinwegfegte, zuerst unter Hülägü, dem Enkel Dschingis Chans, dann unter dem »lahmen Timur« (Timur-i Läng in den orientalisch-islamischen Quellen), der 1405 in seiner Hauptstadt Samarkand starb, endgültig aber nach der Eroberung Konstantinopels durch die Osmanen im Jahre 1453. Noch mehr als Armenien war das christliche Georgien mit einem Male abgeschnitten von seiner früher verwandten Umgebung. In der Folgezeit mußten sich die Georgier immer wieder gegen die übermächtigen Türken und Perser behaupten, was dem kleinen Volk nur unvollkommen gelang. Die von den muslimischen Mächten dominierten Georgier wurden so zum Spielball wechselnder Bündnisse. Wenn die Osmanen sie gegen die

Perser brauchten, umschmeichelten sie die Georgier; und umgekehrt warben die Perser um georgische Unterstützung gegen die Osmanen. Verschiedene Kleinfürstentümer prägten das politische Bild.

Im Jahre 1801 unterstellte sich der georgische Adel dem Zaren, damit auch das ganze Land. Was das Volk dachte, war wohl gleichgültig zu jener Zeit. Ende des achtzehnten Jahrhunderts hatten die Georgier schon Schutzbündnisse mit den Russen gesucht, waren aber im Jahre 1795 hoffnungslos enttäuscht worden, als Persien das Land angriff und die Russen nichts taten, um ihnen beizustehen. Der Anschluß 1801 dürfte denn auch mehr eine Annexion im Einverständnis mit dem Adel gewesen sein denn eine freiwillige Aufgabe der staatlichen Souveränität. Während des neunzehnten Jahrhunderts, als sich nach und nach alle Gebiete des Landes direkt Sankt Petersburg unterstellen mußten, gab es Georgien im Grunde genommen nur noch als Region und Landschaft, nicht als politische Einheit. Fortan wurden georgische Männer aus dem Adel im Kadettenkorps in Sankt Petersburg ausgebildet. Bald kursierte der Spruch, die georgischen Offiziere seien »plus russes que les Russes« – russischer als die Russen selbst. Tatsächlich erkoren die Russen die georgische »Hauptstadt« Tbilissi zum Sitz ihres Generalgouverneurs, der neben der Verwaltung auch die militärischen Belange zu regeln hatte. Der russische Statthalter residierte in einem eindrucksvollen Gebäude, das im Stil des Klassizismus errichtet worden war. Freilich war Tbilissi zu jener Zeit ein Schmelztiegel, in dem sich neben Georgiern, Armeniern und Russen Angehörige fast aller Kaukasus-Völker ein Stelldichein gaben. Das damalige »Tiflis«, wie Bodenstedt es beschreibt, müssen wir uns als eine Stadt vorstellen, die viel orientalischer war als heute. Ein rätselhaftes Phänomen bleibt die Immigration vereinzelter christlicher Gemeinden aus Deutschland im neunzehnten Jahrhundert, die »nach Iberien« zogen in dem biblischen Glauben, dort das Gelobte Land anzutreffen. Wahrscheinlich war es der Ruf der sprichwörtlichen Fruchtbarkeit der georgischen Ebenen, der bis nach Mitteleuropa gedrungen war. Tatsächlich könnte Georgien ein Land sein, in dem Milch und Honig fließen. Geblieben von den deutschen Siedlern ist die traditionelle Deutschfreundlichkeit der meisten Georgier. Dazu die deutsche Schule und der Kindergarten in Tbilissi. Deutsche Gemeinden haben sich auch im benachbarten Aserbaidschan niedergelassen, und die armenische Hauptstadt Eriwan kennt ein deutsches Gymnasium, das von der Bevölkerung hoch geschätzt wird.

In der letzten Phase des Zarismus war Georgien, wie der gesamte Transkaukasus, von fiebriger revolutionärer Unruhe erfaßt. Die revolutionäre Karriere Stalins mag dafür beinahe beispielhaft stehen. Doch auch mit Irakli Zereteli und Nikolaj Tschcheidse sowie Noe Shordania brachte das Land bekannte sozialrevolutionäre, menschewistische und sozialdemokratische Politiker hervor. Wie die beiden anderen transkaukasischen Republiken erlebte auch Georgien um 1920 einen kurzen Frühling der Freiheit, bevor die Kommunisten es im Frühjahr 1921 eroberten und gewaltsam in das Sowjetreich eingliederten – als Grusinische Sozialistische Sowjetrepublik. Im Februar 1918 hatte man sich in Tiflis nach dem Verlassen der Transkaukasischen Föderation unter Shordania für unabhängig erklärt und eine Zeitlang sogar Deutschland als Schutzmacht gewonnen. Wegen der Niederlage des Deutschen Reiches im Krieg suchten die Georgier schließlich bei den Briten Unterstützung, die sie aber nur bis spätestens 1920 gewährten, als ihr Interesse am Kaukasus erlosch. Bei der gewaltsamen Eroberung seiner Heimat tat sich, wie die Journalistin und Schriftstellerin Naira Gelaschwili treffend schreibt, besonders der gebürtige Georgier und Kommunistenführer Grigori (Sergo) Ordshonikidse unrühmlich hervor.

In sowjetischer Zeit war Georgien zum einen die Heimat Stalins, was der Republik, solange dieser lebte, einen besonderen Platz zuwies. Schon an seiner Aussprache fiel auf, daß er Georgier war, mochte er sich auch noch so russisch geben. Doch zum andern bedeutete das keineswegs, daß Georgien von all jenen Schrecklichkeiten verschont worden wäre, welche die anderen Gebiete Kaukasiens und das gesamte Land heimsuchten. Die Zensur war in Georgien nicht minder brutal als andernorts, erst nach Stalins Tod 1953 gab es erste Anzeichen für eine leichte Besserung. Eduard Schewardnadse, der in Georgien seit 1972 politisch aktiv war, trug dann weiter zu ihrer Lockerung bei. An Georgien gingen auch die »großen Säuberungen« nicht spurlos vorüber. Lawrentij Berija, der berüchtigte Chef des Geheimdienstes, wurde dort seinem Ruf als gnadenloser »Säuberer« und Völker-Verschlepper gerecht. Bei den »Säuberungen« in Abchasien wurden viele Tausende von Menschen Opfer dieser Terrorpolitik. Am schlimmsten traf es das kleine Volk der Mescheten, eine muslimische, an der Südgrenze Georgiens lebende Minderheit, die 1944 nach Mittelasien »umgesiedelt«, das heißt deportiert wurde und bis heute zu großen Teilen dort verblieben ist, hauptsächlich im Fergana-Becken, wo es vor Jahren zu schweren Zusammenstößen zwischen den dort zwangsweise Angesiedelten und den einheimischen Usbeken kam. Das Schicksal der Mescheten, aber auch die Säuberungen in Abchasien charakterisieren das Hauptprinzip der sowjetischen Minderheitenpolitik, das bereits der Zar verfolgt hatte: die Völker voneinander zu trennen und bei Unbotmäßigkeit zu bestrafen (»divide et impera«).

Wendezeit und Bürgerkrieg

Nirgendwo, auch nicht in Armenien und Aserbaidschan war die Zeit der Wiedergewinnung der nationalen Unabhängigkeit zwischen 1990 und 1991, aber auch noch die Periode danach so schmerzhaft und gewalttätig wie in Georgien. Drei blutige Konflikte waren ineinander verschränkt: der Krieg in Südossetien, der Krieg in Abchasien und der Bürgerkrieg zwischen den Anhängern von Präsident Swiad Gamsachurdia und seinen Gegnern. Die meisten Georgier sind bis heute der festen Überzeugung, daß die Konflikte mit Abchasien und Südossetien ohne tatkräftige Mitwirkung des Kremls nicht derart eskaliert wären. Die Russen nutzten die dort aufbrechenden nationalen Bewegungen, die seit 1989 in Südossetien auf einen Anschluß an Nordossetien (siehe Kapitel fünf), in Abchasien auf eine Abspaltung von Georgien abzielten, für ihre politischen Ziele aus. Zuallererst bedeutete das, die jeweiligen nationalen Bewegungen in Transkaukasien zu schwächen – eben dadurch, daß man für die jeweiligen separatistischen Gruppierungen und Organisationen Partei ergriff. Im Falle Abchasiens kam noch hinzu, daß sich auch die nordkaukasischen Völker gegen die Georgier wandten und an der Seite der Abchasen in den Kampf zogen – beteiligt waren auch führende tschetschenische Feldkommandeure wie die Bassajews aus Wedeno. Freilich hätte die faktische Abspaltung Abchasiens nicht stattgefunden, wenn nicht russische Truppen die Abchasen massiv unterstützt hätten. Einen großen Anteil Schuld trägt allerdings auch Swiad Gamsachurdia, der erste gewählte Präsident des unabhängig gewordenen Georgiens, der ein fanatischer Nationalist war und sowohl den Osseten als auch den Abchasen selbst jene autonomen Rechte nehmen wollte, die sie in der sowjetischen Epoche als Bestandteile der Georgischen Sowjetrepublik inne gehabt hatten. Gamsachurdia, geboren 1939 in Kutaissi in Westgeorgien, Übersetzer Shakespeares und Baudelaires, ein strikter Gegner des russisch-sowjetischen Kolonialismus, Sohn des bedeutendsten modernen Schriftstellers Georgiens, Konstantin Gamsachurdia, hatte als prominentester Dissident seines Landes gegolten. Er war – damals hatte Schewardnadse zunächst als KGB-Chef, dann als Parteisekretär in Tbilissi gewirkt, bevor er Außenminister der Sowjetunion wurde – mit fast neunzig Prozent der Stimmen und unter großem Jubel zum Staatschef gewählt worden. Er schien jenes Charisma zu haben, das die emotional veranlagten Georgier offenbar brauchten, um das Land in eine stabile Unabhängigkeit zu führen und seine nationalen Sehnsüchte zu befriedigen. Vor allem die Frauen gerieten in Hochstimmung, wenn sie Gamsachurdias ansichtig wurden. Er konnte die Masse, so schien es, auf Dauer begeistern.

Doch es kam ganz anders. Innerhalb eines Jahres kehrten sich jene Kräfte, die Gamsachurdia zuvor zugejubelt hatten, gegen ihn. Vor allem die bewaffneten Kämpfer, die von dem zwielichtigen »Warlord« Dschaba Joselliani geführten Mchedrioni oder Georgischen Ritter – eine Miliz von beinahe libanesischem Zuschnitt –, aber auch etliche Angehörige der von dem damaligen Innenminister Kitowani befehligten Nationalgarde wandten sich gegen den Präsidenten und belagerten seinen Amtssitz am Rustaweli Prospekt, inmitten der Hauptstadt. Warum dies? Der Führer Georgiens hatte diese Kämpfer zuvor losgeschickt, um die Rebellen im süd-ossetischen Zchinwali und in Abchasien zu schlagen. Doch das Gegenteil geschah: Die Osseten konnten sich behaupten, die Abchasier sogar selbst in die Offensive übergehen, zumal russische Truppen sie massiv zu unterstützen begannen. Die Russen griffen gewiß nicht aus Sympathie für die Abchasen ein, sondern eher, um Georgien zu schaden und dem übrigen Transkaukasien Stärke zu demonstrieren. Entscheidend war jedoch die strategisch wichtige Lage Abchasiens am Nordufer des Schwarzen Meeres, gegenüber der Türkei. Diese ist immerhin Nato-Partner und fest in das westliche Bündnis eingefügt. Gerade angesichts der ethnischen, religiösen und sprachlichen Bindungen der Türken an die Großregionen Kaukasus und Mittelasien konnte der Kreml es nicht dulden, daß die Abchasen wirklich unabhängig wurden. So half er ihnen und ihrem Führer Ardhsinba zwar, sich von Tbilissi abzusetzen – doch blieb das Gebiet unter russischem »Schutz«, das heißt Kontrolle.

Die Sezession Abchasiens gehört zu den großen Tragödien nicht nur Georgiens, sondern auch des kleinen Territoriums selbst, das nur eine Fläche von 8 600 Quadratkilometern bedeckt. Die subtropische Nordost-Region des Schwarzen Meeres um die Hauptstadt Suchumi, wegen des milden Klimas bevorzugtes Urlaubsziel in zaristischer wie sowjetischer Zeit, hatte seit mehr als einem Jahrtausend, unterbrochen nur durch türkische Dominanz, ein enges Verhältnis zu den Georgiern und Georgien unterhalten. Die Abchasen sind ein autochthon kaukasisches Volk mit eigener Sprache, sie nennen sich selbst Apsua. Daß sie heutzutage in ihrem eigenen Land nur noch siebzehn Prozent der Bevölkerung stellen, zeigt die Tragik ihres Geschicks, denn die Abchasen wurden zwischen den osmanischen Türken einerseits und den Russen andererseits zerrieben. Viele von ihnen wanderten, wie die Tscherkessen, seit dem neunzehnten Jahrhundert in die Türkei aus.

Schon vor der Jahrtausendwende christianisiert, wurden viele Abchasen später unter dem türkischen Einfluß Muslime. Doch ist die oft gehörte Behauptung, sie seien ein durchweg muslimisches

Volk, falsch. Als 1989 die Sezession begann, zählte das Land etwas mehr als eine halbe Million Einwohner. Davon lebten etwa 110 000 in der Hauptstadt Suchumi. Die Georgier stellten annähernd fünfundvierzig Prozent der Einwohnerschaft, die Russen immerhin siebzehn Prozent. Während der bis 1993 fortdauernden schweren Kämpfe floh ein beträchtlicher Teil der Georgier aus der ehemaligen Provinz, so daß sich die Zusammensetzung der Bevölkerung seither drastisch geändert hat. Heute fristen die Abchasen unter der Herrschaft Moskaus eine schwierige, zwiespältige Existenz.

Das militärische Scheitern in Südossetien, dessen Titularnation sich 1991 für unabhängig erklärte, und in Abchasien brachte Swiad Gamsachurdia zu Fall. Hinzu kamen seine autokratische Selbstherrlichkeit, der wirtschaftliche Niedergang des Landes sowie persönliche Animositäten und Rivalitäten. Die bewaffneten Kräfte der Opposition belagerten noch Ende 1991 den Präsidentensitz in Tbilissi, wo Gamsachurdia Silvester feierte, bevor er am 6. Januar fluchtartig das Land verlassen mußte. Er ging nach Norden über die Grenze nach Tschetschenien, wo er offenbar einem Pistolenattentat zum Opfer fiel. Die Presse berichtete damals von Selbstmord. Doch ein so extrovertierter, von sich eingenommener Mann wie Gamsachurdia – sein Vorname »Swiad« bedeutet soviel wie »der Stolze« – bringt sich wohl kaum so schnell um, zumal er bis zum abrupten Ende seiner politischen Karriere über eine nicht geringe Anhängerschaft verfügte, vor allem im Westen Georgiens.

Der seit 1985 in Moskau wirkende Schewardnadse, Jahrgang 1928, aus Mamati in Westgeorgien stammend, verfolgte die stürmischen und blutigen Ereignisse in seiner fernen Heimat mit einer Mischung aus Wehmut, Zorn und persönlichem Interesse. Daß er am Sturz Gamsachurdias nicht interessiert gewesen sei, behauptet er noch nicht einmal selbst. Es spricht für seine Fähigkeiten als Politiker, daß er nach seiner Rückkehr nach Georgien, die zunächst keineswegs glücklich verlief, seine Stellung als unumstrittene Autorität im Land behaupten und bewahren konnte – bis heute. Schewardnadse wollte es besser machen als Gamsachurdia und ließ neue Offensiven in den abtrünnigen Gebieten starten. Diese scheiterten. Auch ein persönlicher Aufenthalt Schewardnadses an der abchasischen Front im Frühjahr 1993 konnte die Niederlage der Georgier nicht verhindern. Bis heute hat die Regierung in Tbilissi weder in Zchinwali in Südossetien noch in Suchumi Macht und Einfluß. Diese Niederlagen gehören zum schwersten Erbe jeder georgischen Regierung seit der Unabhängigkeit. Schewardnadse geht es da, wie im folgenden noch zu zeigen sein wird, wie seinem aserbaidschanischen »Kollegen«, Staatspräsident Alijew, der auch mit der Niederlage im Krieg um Berg-Karabach zurechtkommen muß. Dieser Verlust ist ein ständiger Stachel und Pfahl im Fleisch, welcher der jeweiligen Opposition triftige Gründe und Argumente für ihre Kritik liefert. Insgesamt wurden allein aus Abchasien eine Viertelmillion Georgier vertrieben, ihre Aussichten auf eine Rückkehr sind gegenwärtig gleich null.

Was hatte die Russen – außer dem Willen, zu teilen und Unruhe zu stiften – zu ihrem Engagement in Abchasien veranlaßt? Zunächst haben wir gesehen, daß in der abtrünnigen Provinz ebenso viele Russen lebten wie Abchasen. Doch durch die massive Militärhilfe für Ardhsinba und seine Rebellen konnte Moskau zusätzlich politischen Druck auf Tbilissi ausüben, einmal, um das Land in die Gemeinschaft Unabhängiger Staaten (GUS) zu zwingen, zum andern, um die Stationierung russischer Truppen in Georgien voranzutreiben. Beide Ziele wurden von den Russen 1994 erreicht. Noch im Herbst 1993 hatte Schewardnadse sich gegen eine GUS-Mitgliedschaft Georgiens ausgesprochen, doch dann mußte er nachgeben. Seit jener Zeit stehen schätzungsweise 15 000 russische Soldaten auf georgischem Territorium, von Moskau jederzeit als politisches Pressionsmittel einzusetzen. So versteht man, daß Georgien vorsichtig taktieren muß, will es das Regime in Moskau nicht reizen und herausfordern. Die allermeisten Georgier haben die unrühmliche Rolle der Russen in ihrem Lande unmittelbar vor dem Umbruch nicht vergessen, als Spezialeinheiten des Innenministeriums, die OMON-Truppen, im Frühjahr 1989 mit rasiermesserscharf geschliffenen Spaten friedliche Demonstranten auf dem Rustaweli-Prospekt attackierten. Seit Jahren haben sich nun die Russen in ihren Basen bei Tbilissi und Batumi, nahe der türkischen Grenze eingenistet und harren dort der Dinge, die vielleicht einmal kommen werden.

Wie konkret die Bedrohungen sind, erfuhr Schewardnadse zwei Jahre nach dem Ende der Abchasien-Krise. Georgien machte damals den Eindruck eines Landes, das sich trotz vielfältiger Verwerfungen und Zerstörungen zu stabilisieren begann. Da kam es zu dem schon erwähnten Sprengstoffattentat auf Schewardnadse. Wie durch ein Wunder wurde der Präsident nur leicht verletzt, doch die Bilder eines mit Blut beschmierten Staatsoberhauptes gingen um die Welt. Hatten innenpolitische Gegner die Hand im Spiel, die Schewardnadse beseitigen wollten, weil er zu wenig für eine Rückgewinnung Abchasiens getan habe? Oder sollten alte persönliche Rechnungen beglichen werden in einem Lande, in dem das traditionelle Bandenwesen wiedererstarkt war? Niemand kennt bis heute die Hintermänner. Viele Georgier verdächtigen die Russen, denn just zu dem Zeitpunkt, da Schewardnadse attackiert wurde, hatte man unter amerikanischer Federführung jenes Abkommen unterzeichnet, das den Bau einer Erdölpipeline von Aserbaidschan über Georgien in die Türkei vorsieht, ohne daß Rußland daran teilhaben soll. Dieses wirtschaftliche Großprojekt mißfällt, wie man weiß, den Russen aufs äußerste. Die Pipeline umgeht jene Öltrasse, die von Baku über die Republik Dagestan zum russischen Schwarzmeerhafen Noworossijsk führt. Diese neue Pipeline passiert Georgien und endet am georgischen Schwarzmeerhafen Supsa, wo das Öl auf Tanker verladen und durch den Bosporus nach Westen transportiert wird. Hinzukommen wird die Strecke nach Ceyhan in der Türkei.

Georgien selbst hat kein Erdöl, sondern hofft, vom Öl-Transit zu profitieren. Wichtig ist auch seine strategisch wichtige Lage in der Mitte Transkaukasiens. Damit will das Land in den kommenden Jahren sogar die Nato anziehen. Schon haben die Amerikaner auf Wunsch der georgischen Regierung Militärberater nach Tbilissi entsandt, um die im Entstehen begriffene Armee des Landes nach westlichen Maßstäben auszurichten. Für die Russen ist das natürlich ein Affront, zumal Georgien auch in den Tschetschenienkriegen aus seinen Sympathien für die Aufständischen kein Hehl machte. Es sieht aber so aus, als werde Moskau immer mehr an Einfluß in Georgien verlieren. Bei dem kleinen südwestlichen Nachbarn Armenien, der ärmsten der transkaukasischen Republiken, verhält sich das – aus historischen Gründen – noch ein wenig anders.

2. Armenische Horizonte

Eriwan (armenisch Jerewan), die Hauptstadt der Republik Armenien, begegnet uns 1995 als eine dunkle Stadt. Das liegt nicht nur an dem dunkel-rötlich schimmernden Sandstein, mit dem ein großer Teil der repräsentativen Gebäude gebaut ist. Als wir zu jener Zeit bei Anbruch der Dunkelheit unser Domizil, das zentral gelegene »Hotel Armenia«, verlassen und durch die umliegenden Straßen streifen, läßt sich kaum die Hand vor Augen sehen, die Entgegenkommenden sind erst zu erkennen, wenn man fast mit ihnen zusammengestoßen ist. Doch selbst die notdürftige Straßenbeleuchtung endet bald. Schon die Seitengassen sind weitgehend ohne Licht. In den Außenbezirken der Großstadt gar, dort, wo man nicht mehr flanieren kann, sitzen die Menschen auf den Balkonen oder in den Höfen im Schein von Kerzen oder anderer Brennmaterialien. Zum Glück ist die kalte Jahreszeit, die in Armenien, einem Hochland, über das der Wind nicht nur gelegentlich hinwegbraust, sehr kalt sein kann, vorüber.

»Wir haben den dritten Hunger- und Frostwinter hinter uns«, sagt ein armenischer Journalist. »Sie können sich das nicht vorstellen. Die Einwohner unserer Stadt sind in die Umgebung gegangen und haben dort Holz geschlagen, das einzige Brennmaterial, das uns zur Verfügung steht. Doch den Nachteil sehen Sie jetzt: Unsere Wälder sind geplündert. Bald werden wir keine mehr haben. Hoffentlich geht unser Kernkraftwerk bald wieder ans Netz, dann sind unsere Energieprobleme fürs erste behoben.«

Der Journalist vermag angesichts dieser Situation jene Vorbehalte gar nicht zu verstehen, die die fremden Besucher aus dem reichen Westen gegenüber der Kernkraft geltend machen.

»Ich weiß schon, Tschernobyl«, sagt er. »Aber leben Sie doch einmal nur vier Wochen unter diesen Bedingungen bei uns. Selbst im Büro des Staatspräsidenten Lewon Ter-Petrosjan kann nicht geheizt werden. Er sitzt dort bei plus fünf Grad. Ebenso der Außenminister und andere.«

Das war 1995.

Keinen Staat hat die weltpolitische Wende des Jahres 1989/90 tatsächlich so schwer getroffen wie das kleine Armenien, das von seinen Bewohnern Hayastan genannt wird. Der wirtschaftliche Zusammenbruch, der überall zu beobachten war, gestaltete sich dort noch gravierender. Unwillkürlich fragt man sich, warum man angesichts dieser Armut und dieses Verfalls auch noch mit den Aserbaidschanern Krieg führen mußte. Oder war das gerade notwendig, um die Bevölkerung auf ein Ziel einzustimmen, kurz: um den Nationalismus zu stimulieren?

»Die Aserbaidschaner haben uns den Krieg aufgezwungen durch ihre Unnachgiebigkeit. Und im übrigen: Arzach ist eine heilige Sache für alle Armenier.«

Was die Armenier Arzach nennen, heißt in Aserbaidschan Karabach, bei den Russen Nagornyj Karabach, wörtlich: Berg-Karabach.

Man hat den Eindruck, daß Armenier und Aserbaidschaner über eine ganz andere Sache reden, wenn sie in dieser Krise dasselbe meinen. Wem was gehört, darüber werden sich die beiden so schnell nicht einig werden. Wenige Monate nach unserem Besuch ging übrigens das armenische Kernkraftwerk wieder ans Netz. Die Lage in Armenien hat sich seither gebessert, zumindest was die Energie-Situation angeht. Alles andere ist ebenso schwierig geblieben. Die Arbeitslosigkeit ist hoch, höher als die amtlichen Zahlen sagen. Man kann vermuten, daß wenigstens jeder dritte, wenn nicht jeder zweite Armenier ohne Beschäftigung ist. Die Waffen schweigen zwar, doch zu einer Übereinkunft mit dem aserbaidschanischen Nachbarn ist es bis heute nicht gekommen. Militärisch kann Eriwan wohl als Sieger dieses Waffengangs gelten, doch was ist damit, auf lange Sicht, gewonnen? Der größte Teil der Weltgemeinschaft ist der Meinung, daß Grenzen nicht mit Gewalt verändert werden dürfen, das stützt die Position der gegnerischen Regierung in Baku, denn Berg-Karabach ist nun einmal offiziell eine Enklave auf aserbaidschanischem Territorium, wobei die Aserbaidschaner, wie noch zu beschreiben sein wird, sogar den Ausdruck »Enklave« als falsch ablehnen.

Doch noch etwas anderes kommt hinzu: Die Armenier sind eine traumatisierte Nation. Dies hat nicht nur ihr Verhalten in diesem Krieg gezeigt, es zeigt sich auch in der schwierigen Lage ihrer jungen Republik ganz allgemein. Der Vergleich mit Israel ist schon oft gezogen worden und nicht wirklich falsch. In der Tat: Viele Begriffe, die mit Israel verbunden werden, kommen auch in Armenien vor, etwa die Unterscheidung zwischen Mutterland und Diaspora, Völkermord, Leugnung des Genozids und so weiter. Nirgendwo wird daran eindringlicher erinnert als im Nationalmuseum in Eriwan.

Es liegt gegenüber dem »Hotel Armenia« und ist im gleichen Stil erbaut, ein nationaler Tempel, wie so viele überall auf der Welt. Am Ende des Rundgangs durch das Museum betritt man einen relativ kleinen Raum, wo dem deutschen Betrachter sofort eine Fotografie von Franz Werfel ins Auge fällt. Was hat dieser Prager Dichter hier zu suchen? Das Rätsel ist schnell gelöst: Dieser Raum ist dem armenischen Genozid gewidmet, der die Geschichte dieses Volkes in ein grausiges Vorher und Nachher trennt. Werfel hat in seinem Roman »Die vierzig Tage des Musa Dagh« diesen Genozid für immer festgehalten. Vor dem Genozid waren die Armenier ein Volk wie viele andere, danach sind sie gezeichnet von dieser Katastrophe, nicht unähnlich den Juden nach der Shoa. Doch dasselbe gilt auch für die Täter-Völker, die Deutschen und die Türken. Für das Selbstverständnis, die »Identität« der jungen Armenischen Republik ist der Bezug auf diese Katastrophe konstitutiv. Dies bemerkt man auf Schritt und Tritt, besonders jedoch in den Gesprächen mit den Menschen, die immer wieder auf diese blutigen Ereignisse zurückkommen.

Schon in den neunziger Jahren des neunzehnten Jahrhunderts hatte Sultan Abdulhamid II. Massaker an Armeniern in Kilikien im Süden Anatoliens toleriert, wenn nicht veranlaßt. Doch die eigentliche Massenvernichtung der Armenier ereignete sich während des Ersten Weltkriegs, verantwortlich war das Komitee für Einheit und Fortschritt (das jungtürkische Ittihad ve Terakki Komitesi). Es begann am 24. April des Jahres 1915 (heute ist dieses Datum Nationalfeiertag in der Unabhängigen Republik Armenien), als die osmanische Regierung in einem bürokratischen Überraschungsakt die armenischen Intellektuellen Istanbuls festnehmen und inhaftieren ließ. Dies war der Auslöser für die systematische Austreibung der Armenier, die ihren Schwerpunkt im Osten Anatoliens hatte, in den sogenannten sechs armenischen Vilayets, wie im Ottomanischen Reich die Provinzen genannt wurden. In dieser Region war die Mehrheit der armenischen Bevölkerung Anatoliens konzentriert. Die Regierung ordnete nun an, daß die Armenier ihre angestammten Wohnorte, an denen sie teilweise schon seit Jahrhunderten gelebt hatte, verlassen müßten. In langen Leidensmärschen gelangte der größte Teil in die Wüsten und Steppen Syriens und des nördlichen Iraks, wo die meisten der Armenier verhungerten. Andere wurden erschlagen, einige – Bilder, die der deutsche Soldat und Schriftsteller Armin T. Wegener aufgenommen hat, belegen es – sogar gekreuzigt. Kurdische Banden töteten Tausende Männer, Frauen und Kinder während der Todesmärsche. Nur wenige Armenier konnten sich retten, etwa nach Beirut im Libanon oder nach Ostarmenien, das heißt in das Gebiet der heutigen Republik. Im Libanon recherchierte auch Werfel für seinen Roman, ein spannendes, zutiefst menschliches Buch, das bis heute in der Türkei verboten ist. Es handelt in seinem Kern vom Widerstand der kilikischen Armenier gegen die osmanischen Truppen.

Dort bezweifelt man nicht nur die Zahl der von den Armeniern und anderen Historikern angegebenen Opfer – etwa eineinhalb Millionen –, sondern stellt sogar die Sache selbst in Abrede. Obschon die heutige Türkische Republik mit den grausigen Ereignissen direkt nichts zu tun hat, da das Ottomanische Reich Geschichte geworden ist, bemühen sich ihre Historiker doch, diesen Genozid herunterzuspielen und werfen den Armeniern zum Teil sogar Fälschungen vor. In der Türkei bestreitet man nicht, daß es die Deportationen gegeben habe. Sie seien aber notwendig gewesen, um während des Krieges mit den Russen an der östlichen Front sozusagen »freies Schußfeld« zu haben. Schließlich sei Krieg gewesen und auch die muslimische Bevölkerung zu Hunderttausenden durch Kriegshandlungen getötet worden. Die Türken bestreiten insbesondere, daß es sich um einen planmäßigen, dem Holocaust vergleichbaren Ausrottungsfeldzug gegen die Armenier gehandelt habe, die diesbezüglich immer wieder angeführten Tötungs- und Ausrottungsbefehle Talaat Paschas, des damaligen Innenministers (»Der Ort der Armenier ist das Nichts«), könnten leicht als Fälschungen »entlarvt« werden. Auch habe das Osmanische Reich unter den Angriffen, Aufständen und Terroranschlägen armenischer Extremisten, zum Beispiel der nationalistischen Daschnak-Partei, gelitten und deshalb das Recht gehabt, sich zu wehren. Man sieht: Die türkische Argumentation zur Entlastung ähnelt derjenigen, mit deren Hilfe auch noch immer manche Deutsche die nationalsozialistische Diktatur schönreden und den Völkermord relativieren wollen. Im Nationalmuseum von Eriwan hängt freilich auch ein Bild von Johannes Lepsius, jenem selbstlosen deutschen Theologen und Sohn des berühmten Ägyptologen Richard Lepsius, der die Gräueltaten an den Armeniern (»Der Todesmarsch des armenischen Volkes«, »Deutschland und Armenien 1914-1918«) dokumentiert hat, jedoch bei der eigenen Regierung in Berlin auf taube Ohren stieß. Man könne den osmanischen Verbündeten nicht verprellen, hatte auch der deutsche Botschafter bei der Hohen Pforte in Konstantinopel, von Wangenheim, von den eigenen Leuten zu hören bekommen, als er 1915 gegen die antiarmenischen Pogrome protestierte.

Der armenische Genozid, den die kurz darauf gestürzte Sultansregierung nach ihrer Niederlage im Kriege durchaus eingestanden hatte (in den sogenannten Unionisten-Prozessen wurde sogar gegen einunddreißig Täter verhandelt), bewirkte dreierlei: Er zerrüttete das armenisch-türkische Verhältnis, das während des größten Teils der osmanischen Herrschaft gut, bisweilen sogar exzellent gewesen war. Im Jahre 1921 wurde der nach Deutschland geflüchtete Armenier Teilirjan von einem deutschen Gericht freigesprochen, obschon er in Berlin den im Exil lebenden ehemaligen Innenminister Talaat niedergeschossen hatte. Sein Bericht von dem Grauen, das er während der Pogrome erleben mußte, erschütterten das Gericht so stark, daß es diese Art von Vergeltung nicht bestrafen wollte oder konnte. Vergeltung für den Genozid ist ein Gedanke, der bis heute viele Armenier bewegt und ihre politischen Kategorien mitbestimmt. Wer wollte es ihnen verdenken. In Amerika und Frankreich ist es der armenischen Diaspora gelungen, den Genozid fest in der dortigen Kultur, im allgemeinen Menschenrechtsgedächtnis zu verankern. In anderen Ländern Europas hingegen noch nicht, oder in einem geringeren Ausmaß.

Zweitens haben diese Vorgänge den Türken in den achtziger Jahren vorübergehend eine unruhige Zeit beschert. Von Beirut aus hatte eine immer ein wenig obskur gebliebene »Armenische Befreiungsarmee« (ASALA) – offenbar auch im Zusammenspiel mit libanesischen Kurden – begonnen, türkische Diplomaten überall in der Welt zu ermorden. Begründung: späte Rache für den Genozid. Dieser Terror eskalierte so weit, daß am Ende der Verdacht aufkam, die politische »Rechtfertigung« dieser Armenier sei nur vorgeschoben, in Wirklichkeit handle es sich um gewöhnliche Kriminelle, die ihre bestialischen Morde nur durch eine aufgesetzte Legitimation beschönigen wollten. Die überwältigende Mehrheit der Armenier lehnte diesen Terrorismus ab. Er vergiftete aber zusätzlich die ohnehin gespannte Atmosphäre zwischen Türken und Armeniern just zu einem Zeitpunkt, da sich mit der gorbatschowschen Reformpolitik in der Sowjetunion große Veränderungen ankündigten, die schließlich dazu führten, daß Armenien unabhängig wurde und die Karabach-Armenier ihren Aufstand gegen Aserbaidschan begannen.

Der seit 1988 ausgetragene gewaltsame Konflikt zwischen Armeniern und Aserbaidschanern wurde, drittens, für beide Völker zum Ausgangspunkt für eine zunächst äußerst gefährdete, heute stabilisierte Unabhängigkeit. Dabei spielte der Völkermord an den Armeniern immer eine gewichtige Rolle, er war geistig gewißermaßen ständig anwesend, auf der Seite der Aserbaidschaner, die eigentlich mit ihm gar nichts zu tun hatten, ebenso wie bei den Armeniern und auch im Bewußtsein der westlichen Öffentlichkeit, die diesen Krieg mit wachsendem Entsetzen verfolgte. Das Trauma des Völkermordes ist und bleibt jedenfalls der bedeutendste psychologische Faktor des »nation building« in der frischgebackenen, seit 1991 unabhängigen Armenischen Republik, die mit knapp 30 000 Quadratkilometern Fläche, bewohnt von dreieinhalb Millionen

Menschen, die kleinste der drei transkaukasischen Republiken ist. Zu neunzig Prozent besteht Armenien aus Hochland, karg sind die Böden, die Winter lang und kalt, die Sommer trocken, kurz und heiß. Man muß bewundern, wie die Menschen unter diesen Umständen ihren beschwerlichen Alltag meistern, der allenfalls dadurch etwas erleichtert wird, daß die zweieinhalb Millionen in alle Welt zerstreuten Armenier einiges tun, um dem Land finanziell etwas aufzuhelfen. Tatsächlich trifft man fast überall auf der Welt auf Armenier, mit gewißen Schwerpunkten natürlich, zu denen Amerika und Frankreich zählen. Doch auch in vielen nahöstlichen Ländern gibt es armenische Gemeinden, so in Syrien, im Libanon und in Iran. In der Türkei hingegen, wo einmal Millionen von ihnen lebten, ist ihre Zahl auf etwa 60 000 zusammengeschrumpft. Die meisten gehen im Raum Istanbul ihren Geschäften nach. Der türkische Staat praktiziert heute keine offene Unterdrückung oder Diskriminierung, kennt jedoch fein gesponnene Methoden der Gängelung und Fremdbestimmung, über die viel zu selten gesprochen wird. Erst in jüngster Zeit hat es ein türkischer Verleger überhaupt gewagt, den Roman Franz Werfels ins Türkische übertragen zu lassen. Ist dies ein Zeichen der Hoffnung, daß auch die Türken langsam aber sicher sich diesem Teil einer unrühmlichen Vergangenheit zu stellen beginnen? Jedenfalls haben nicht nur der Pfarrer Lepsius, sondern auch Franz Werfel Ehrentafeln an jenem Holocaust-Mahnmal erhalten, das die Armenier sich im Jahre 1965 ertrotzen konnten. Es ist heute mit seiner ewigen Flamme der Fokus des nationalen Selbstverständnisses in Eriwan.

Volk und Kirche – eine Einheit, die trägt

Nach Etschmiadzin gelangt man von Eriwan aus in nur kurzer Fahrt. Fast immer grüßt der Ararat herüber, der sich schon auf dem Territorium der nahe gelegenen Türkei erhebt. Für die Armenier ist dieser immer mit Schnee bedeckte Kegel von 5 165 Metern Höhe, an dem nach der Bibel Noahs Arche gestrandet sein soll, der heilige Berg. Früher, da sie bis weit nach Anatolien hinein siedelten, waren Kars, Ardahan, Erzurum, Erzincan, Elazig, Van – Städte mit großer armenischer Bevölkerung. Die Region um den Vansee trennte Westarmenien einmal von Ostarmenien. Und noch heute künden die Überreste armenischer Kirchen im Osten des anatolischen Hochlandes, die äußerlich den georgischen ähneln, von dieser kulturprägenden Präsenz der Armenier im früher so genannten Westarmenien. Weltbekannt ist dort die armenische Kirche von Achtamar.

Aber nicht nur der Berg Ararat, vor allem Etschmiadzin ist ein Heiligtum für die Armenier. Als wir den Raum betreten, in dem uns der Patriarch Katholikos Karekin I. empfangen soll, wird wohl nur den wenigsten klar, wie alt die Tradition hier ist, denn Etschmiadzin geht auf die Jahre unmittelbar nach der Christianisierung der Armenier durch Gregor den Erleuchter im Jahre 301 n. Chr. zurück. An den Wänden stehen Regale, in denen schwere, schwarz gebundene altehrwürdige Folianten zu sehen sind, versehen mit den uralten armenischen Schriftzeichen, die auf den Mönch Mesrop Maschtoz zurückgehen. Die kulturstiftende Rolle der Kirche und der Religion ist auch hier sichtbar. Die Mutter der kaukasischen Kirchen ist Byzanz, doch wurden die Armenier der Überlieferung nach schon Christen, bevor Kaiser Konstantin am Bosporus das Christentum aus der Illegalität emporhob und Kaiser Theodosios es wenige Jahrzehnte danach endgültig zur Staatsreligion machte.

Wie alle Patriarchen ist auch Karekin, mit dem wir zusammentreffen, eine würdige Gestalt, trotz seiner geringen Körpergröße. Lange hat er die im Libanon lebende Gemeinde betreut, ist mit der orientalischen Geschichte vertraut. Wie sein georgischer Amtskollege in Tbilissi spricht er von der Geschichte seines Volkes, der Hay, und natürlich vom Aufbau eines unabhängigen Armeniens (Hayastans), der jetzt möglich geworden ist und bei dem die Kirche eine entscheidende Rolle zu spielen hat. Bis zu seinem überraschenden Tod im Jahre 1999 hat Karekin unermüdlich darum gekämpft, daß die großen Spannungen innerhalb der armenischen Nation, vor allem jedoch unter den Politikern, die teilweise gewaltsam ausgetragen wurden und gelegentlich sogar mit Mord und Totschlag endeten, nicht noch mehr überhand nahmen. Dabei an alte Geschichte und

Überlieferung anzuknüpfen ist nicht der schlechteste Weg. Sein Nachfolger, der Katholikos Karekin II., ein noch jüngerer Geistlicher, der gut deutsch spricht, verfolgt diesen Kurs weiter.

Die Armenier betrachten sich selbst als die Erben der Urartäer, eines Volkes, das bis vor kurzem in der wissenschaftlichen Welt noch als großes Rätsel galt. Heute weiß man mehr darüber. Das Reich Urartu begann wohl um das Jahr 1000 v. Chr. zu blühen und hatte sein Zentrum im Gebiet des Vansees. Erst vor wenigen Jahren haben die Wissenschaftler gelernt, die Keilschrifttexte der Urartäer zu interpretieren, eine urartäische Hieroglyphenschrift ist hingegen bis heute noch nicht lesbar. Vor allem die Assyrer waren es, die sich nach einer Blüte von etwa dreihundert Jahren das Reich Urartu unterwarfen. Beide fanden schließlich ein Ende, als die persischen Meder, schließlich die Achaimeniden unter Kyros und Xerxes das armenische Hochland zum größten Teil ihrem Imperium einverleibten. Eriwan, Jerewan, ist wohl als Erebuni in den urartäischen Quellen erwähnt. Bis 330 v. Chr., als Alexander der Große dem Achaimenidenreich sein Ende bereitete, wurden die Armenier von Iran aus beherrscht. Überhaupt sind die iranischen Völker jene, denen sich die Armenier – neben den Europäern – am meisten verbunden fühlen, nicht immer nur im Guten. Doch eine lange gemeinsame Geschichte hat mit dazu beigetragen. Dieses Verhältnis konnte noch nicht einmal durch die Machtergreifung der Mullahs in Iran getrübt werden, denn das Armenierviertel »Neu Dschulfa« in der persischen Stadt Isfahan pflegt noch heute die Erinnerung an den iranischen Schah Abbas den Großen, der Armenier um 1600 aus Dschulfa in sein Reich bringen ließ, damit sie dort als Handwerker und Kaufleute tätig würden. Gewiß: Die Armenier wurden damals verschleppt, doch ging es ihnen meistens gut unter den iranischen Herrschern.

In der Antike erlebte Armenien einen Höhepunkt seiner Macht. Bis heute gilt Tigran II., genannt der Große, als überragender Regent des Reiches. Er regierte von 95 bis 56 v. Chr. als Nachfolger der Jerwaniden- und der Artaschiden-Dynastien. Der armenische König herrscht zu jener Zeit über ein Gebiet, das vom kleinasiatischen Kilikien und Nordsyrien bis zum Flusse Kura reicht. Nur wenige Jahre dauert danach die unmittelbare Regentschaft der Römer, bevor die Arschakiden, Abkömmlinge der in Iran herrschenden Parther, bis 428 n. Chr. die Macht in ihren Händen halten. Diese Ära wird zum zweiten prägenden Pfeiler des armenischen Volkes und seiner Kultur. Unter König Tiridates III. wird Armenien endgültig christlich. Mesrop Maschtoz entwickelt vom Jahre 405 an sein Alphabet, das vor allem dazu dienen soll, die Bibel zu übersetzen. Diese Großtat öffnet dem armenischen Volk neue Horizonte, die mit der Bibelübertragung keineswegs abgeschlossen sind. Die daran anschließende mittelalterliche Literatur der Armenier, dokumentiert im Museum Matenadaran in Eriwan, widmet sich der Ausgestaltung christlicher Spiritualität und Dichtung. Die im Matenadaran ausgestellten Handschriften mit ihren farbigen Miniaturen gehören mit zum kostbarsten Erbe christlich-armenischer Kultur.

Im historischen Windschatten der kurzfristigen Kreuzfahrer-Staaten im Nahen Osten gelingt den Armeniern in Kilikien, der Landschaft des heiligen Paulus, seit etwa 1080 die Etablierung eines Reiches, des »kleinarmenischen«, das bis zum Aufstieg der Osmanen im fünfzehnten Jahrhundert Bestand hat. Etwa zur selben Zeit, im Jahre 1071, kommt es bei Mantzikert (türkisch Malazgird) in Westarmenien zu einer Schlacht zwischen den Byzantinern und dem Seldschuken-Sultan Alparslan, die der Kaiser Romanos Diogenes verliert. Mit dieser Schlacht beginnt die schicksalhafte gemeinsame Geschichte zwischen Armeniern und türkischen Völkern. Nach dem Siegeszug der Osmanen werden die Armenier Untertanen des Sultans, nach 1472 dann des Schahs von Persien, dessen Herrschaft über Ostarmenien bis zum Erstarken der Zarenherrschaft im Jahre 1828 währt. Als Untertanen Sankt Petersburgs erreichen die Armenier die Schwelle des zwanzigsten Jahrhunderts, immer stärker angetrieben vom Willen nach Freiheit, Unabhängigkeit und Selbstbestimmung, die sich in der Gründung von Parteien, Geheimgesellschaften und Kampforganisationen, wie zum Beispiel die Daschnaken, im Ausland wie auch in Armenien selbst bemerkbar machen. Besonders die Armenier im Osmanischen Reich spielten dabei eine maßgebliche Rolle. Sie bildeten ein besonders agiles, geistig und politisch reges Element der Bevölkerung und stellten in der

Reichshauptstadt Istanbul/Konstantinopel um 1875 etwa ein Viertel der Einwohnerschaft – wenn nicht mehr. Die Massaker im ausgehenden Osmanen-Reich, der Erste Weltkrieg mit der Katastrophe des Genozids und die Wirren danach, als Armenien, ähnlich wie seine Nachbarn, für zwei Jahre eine linksbürgerliche Republik wurde, konstituierten für die Zukunft den Lebens- und Überlebenswillen dieses Volkes. Am 25. August 1918 proklamierte die Partei der Daschnakzutiun die unabhängige Republik Armenien, die bis zur Machtübernahme durch die Rote Armee unter dem gebürtigen Georgier Ordschonikidse im November 1920 Bestand hatte. Dann wurde Armenien zur Sowjetrepublik. Als solche erlebten die Armenier alle Höhen und Tiefen einer kleinen Nation, die zwar Ruhe und auch Schutz nach beispiellosen Tragödien gefunden, gleichzeitig aber der Freiheit verlustig gegangen war. Vor allem in den zwanziger und dreißiger Jahren ging der Staat massiv gegen Kirche und Religion vor, schreckte auch vor der Ermordung von Kirchenfürsten einschließlich des Katholikos nicht zurück. Nur wenige Armenier konnten sich wohl in der Zeit der Sowjetherrschaft vorstellen, daß die Trennung in Mutterland und Diaspora, die für ewige Zeiten zementiert zu sein schien, eines baldigen Tages aufbrechen würde. Seit dem Ende des Zweiten Weltkrieges übrigens, in dem die Armenier etwa sechzig Generäle der Sowjetarmee gestellt hatten, war der Eiserne Vorhang ein wenig durchlässiger geworden. Es ist kaum bekannt, daß in den vierzig Jahren bis zum Ende der Sowjetunion mindestens 200 000 Armenier aus dem Ausland heimkehrten – eine vom Moskauer Regime mit Geldzuwendungen geförderte Strategie. Die Armenier hatten freilich mit einem größeren Zustrom von Menschen gerechnet. Interessant ist, daß außerhalb der Russischen Föderation die Volksrepublik Armenien den höchsten Anteil an parteigebundenen Kommunisten aufwies. Das hat gewiß weniger mit einer größeren Neigung des Volkes zu dieser Ideologie als mit dem Bedürfnis nach Schutz zu tun. Wer in der Partei war, lebte ruhiger als andere. Bei einem derart traumatisierten Volk eine Reaktion, die nur zu verständlich ist.

Der Kampf um Arzach

Nationale Regungen im Rahmen dessen, was in der Sowjetunion möglich war, zeigten sich in der Sozialistischen Sowjetrepublik Armenien zum ersten Mal wieder Mitte der sechziger Jahre. Später beförderte sie Gorbatschows Glasnost-Politik, man wurde mutiger. Ihren ersten Höhepunkt erfuhr die Krise um Berg-Karabach, das die Armenier – wie gesagt – Arzach nennen, im Frühjahr und Sommer 1988. Ein Karabach-Komitee hatte sich einzig mit dem Ziel konstituiert, die Loslösung von Karabach/Arzach aus dem Staatsverband des benachbarten Aserbaidschans zu betreiben, eine Idee, die populär war in Armenien und immer mehr Zuspruch erhielt, je weiter die Dinge sich zuspitzten. Armenien stützte sich auf historische Bindungen und darauf, daß die Bevölkerung zum größten Teil aus Armeniern bestehe. Überdies sei der Zuschlag der Enklave mit ihrer Regionalhauptstadt Stepanakert an Aserbaidschan in der Stalinzeit auf unrechtmäßige Weise und gegen die ausdrücklichen Versicherungen Stalins selbst erfolgt. Arzach gilt den Armeniern darüber hinaus als eine der ältesten Quellen des armenischen Nationalismus und seines Wunsches nach Selbstbestimmung, der sich dort schon im siebzehnten Jahrhundert regte – im Widerstand besonders gegen die muslimischen Herren. Im Februar 1988 erhob man erstmals die Forderung nach einem Anschluß an Armenien, es waren Wochen der Massendemonstrationen in Eriwan selbst wie in Stepanakert. In dem aufgeschreckten Aserbaidschan antwortete man mit dem Massaker von Sumgait am 29. Februar, das wenigstens zweiunddreißig Tote, wahrscheinlich aber sehr viel mehr forderte (die Angaben reichen bis zu eintausend Toten). Im selben Jahr lehnten sowohl Moskau als auch der Oberste Sowjet Aserbaidschans in Baku das Ansinnen der Armenier ab. Eriwan griff zum Mittel des Generalstreiks, die Massendemonstrationen mit bis zu 700 000 Teilnehmern wurden ohnehin fortgesetzt. Im Sommer rückten sowjetische Truppen in der Enklave ein. Die Aserbaidschaner antworteten mit einer Blockade Karabachs durch eiligst zusammengestellte Freikorps. Am 12. Juli 1988 erklärten die Armenier Berg-Karabachs ihren Austritt aus der Republik Aserbaidschan, die Unterstellung der

Region unter die Verwaltung Armeniens und ihre offizielle Umbenennung in Arzach. Die meisten in Karabach lebenden Aseris verließen das Gebiet und fanden Unterschlupf in aserbaidschanischen Auffanglagern. Um die Jahreswende entwickelte sich aus kleinen Scharmützeln ein regelrechter Krieg, dessen Ausgang zunächst völlig offen zu sein schien.

Es ist nicht übertrieben zu sagen, daß diese Vorgänge die Unabhängigkeitsbestrebungen Armeniens unerhört und entscheidend vorantrieben, denn die gesamte armenische Gesellschaft entwickelte entlang den Frontlinien dieses Krieges immer stärkere Vorstellungen von Freiheit und Unabhängigkeit. Das verheerende Erdbeben von Spitak mit etwa 30 000 Toten, bei dem die Sowjetunion sich nicht eben als Helfer hervortat, machte das Maß voll. Zwar versuchte die noch immer kommunistische Regierung in Eriwan das Karabach-Komitee durch Verhaftung auszuschalten, doch diese Taktik erwies sich als kontraproduktiv, so daß die Regierung selbst in ein immer stärkeres nationales Fahrwasser geriet und ihrerseits die Unabhängigkeit forderte. Lewon Ter-Petrosjan wurde am 2. November 1989 zum Vorsitzenden der Armenischen Gesamtnationalen Bewegung gewählt, die sich, in der Hauptstadt gegründet, als stärkste, dabei doch auch noch besonnene Kraft auf dem Weg zur nationalen Unabhängigkeit erwies. Stichtage sind der 23. August 1990, als Armenien sich für souverän erklärte und sich den Namen Republik Armenien (Hayastan) gab, sowie der 21. September 1991, als das armenische Volk in einer Volksabstimmung der Unabhängigkeit mit überwältigender Mehrheit zustimmte.

Eine schwierige Unabhängigkeit

Seither muß das kleine, von seiner aserbaidschanischen Minderheit nun gänzlich verlassene Land so ziemlich alleine seinen Weg gehen. In dem ersten gewählten Präsidenten nach der Unabhängigkeit, Ter-Petrosjan, fand es einen starken Führer, der es durch die Phase des Überganges von der sowjetischen Autokratie zu einem – noch immer labilen – demokratischen System führte. Dabei machte

Armenien in den neunziger Jahren vieles durch, was alle Nachfolgestaaten der Sowjetunion erlebten: wirtschaftlichen Niedergang, Energiekrise, innenpolitische Unruhe bis hin zu brutalen Gewalttätigkeiten, ja Politikermorden, Suche nach neuen Verbündeten, vor allem im Westen, bei Amerikanern und Europäern. Sogar mit der Türkei, dem »Erzfeind«, knüpfte Ter-Petrosjan Kontakte. Wie nötig das ist, macht ein Blick auf die Landkarte deutlich. Da zeigt sich, daß das armenische Hochland in der Tat umschlossen ist, ein Binnenland in des Wortes wahrster Bedeutung. Im Norden liegt Georgien und darüber die unruhige übrige Kaukasus-Region, im Osten Aserbaidschan, mit dem man immer noch keine freundlichen Beziehungen hat, wenn auch der Krieg um Berg-Karabach gewonnen ist. Eine völkerrechtlich verbindliche Lösung des Konfliktes und somit ein wirklicher Friede sind nicht in Sicht. Im Süden erstreckt sich, einem noch schlafenden Riesen gleich, das mächtige Reich Iran, daneben die Türkei. Letztere hat eigene Interessen in der Region und stützt alle muslimischen »Nachbarn« der Armenier weiter im Osten. Bis heute sind die Armenier eingekreist und blockiert. Armenien braucht nicht allein eine endgültige Regelung mit Aserbaidschan, sondern muß eingebunden werden in ein Geflecht politischer Normalität und guter Nachbarschaft, das seine prekäre, eingeschnürte Lage ausgleicht. All jene Mächte, die den Kaukasus umlagern, dazu die Amerikaner, sind auf umfangreiche Geschäfte aus, die mit dem Transithandel von Mittelasien nach Europa zusammenhängen. Von dort, aus den Weiten Kasachstans und Turkmenistans sollen über den kaspischen Raum und Aserbaidschan Erdöl und Erdgas nach Westen transportiert werden – möglichst unter Umgehung der Russen. Armenien muß erreichen, daß es an diesen Geschäften auf eine sichere Weise partizipiert, will es nicht ein Armenhaus bleiben, das am Tropf seiner Nachbarn und der Diaspora hängt. Die Energie-Blockade, die während des Karabach-Krieges das Land schwer beeinträchtigte, machte deutlich, wie verwundbar es ist. Von der äußeren Stabilität und von der weiteren Verbesserung der wirtschaftlichen Lage wird auch abhängen, ob es innenpolitisch zu gefestigteren Verhältnissen findet als heute.

Einstweilen leidet das Land noch immer unter den Nachwirkungen des verheerenden Anschlags vom 27. Oktober 1999. Damals erstürmte unter Führung eines politischen Desperados eine Gruppe von Ultranationalisten das Parlament und erschoß acht Menschen, unter ihnen den Ministerpräsidenten Wasgen Sarkissjan und den Parlamentspräsidenten Karen Demirtschijan. Sie verschanzten sich in der Nationalversammlung und nahmen die Abgeordneten als Geiseln. Erst nach zwei Tagen gaben sie auf. Der erste Verdacht fiel auf den Staatspräsidenten Robert Kotscharijan, doch konnte die Vermutung, er habe den mit ihm rivalisierenden Ministerpräsidenten, der auch am Rückzug des vorherigen Staatschefs Ter-Petrosjan 1998 nicht unbeteiligt gewesen war, beseitigen wollen, nicht erhärtet werden. Als neuer Ministerpräsident wurde der jüngere Bruder des Ermordeten, Aram Sarkissjan, vereidigt. Die Hintergründe für diese neue, das Volk traumatisierende Bluttat dürften in Berg-Karabach zu finden sein, denn die Regierung in Eriwan hatte damals die Annäherung an den Kriegsgegner Aserbaidschan gesucht, sehr zum Leidwesen der Ultranationalisten. Das Verhältnis zu diesem östlichen, ebenfalls türkisch geprägten Nachbarn ist ähnlich schicksalhaft wie das zur Türkei. Ohne ein gütliches Auskommen mit den Aserbaidschanern wird es in Armenien keine innere Ruhe geben, und umgekehrt.

KAPITEL 4

Aserbaidschan – Erdöl und Feuertempel

Frühsommer 1992. Eine Maschine der Turkish Airlines bringt mich von Istanbul nach Baku, in die Hauptstadt Aserbaidschans. Es ist schon Nacht, als das Flugzeug auf der Landebahn aufsetzt. Meine Mitreisenden sind vornehmlich türkische Geschäftsleute, die den jungen Frühling der Freiheit nach dem Zusammenbruch der Sowjetunion nutzen wollen, um in der »Bruderrepublik« neues Leben erblühen zu lassen. Die Einreiseformalitäten atmen zwar noch sowjetische Vergangenheit, manches hingegen wirkt auf den ersten Blick bemerkenswert freizügig. Es dauert lange, bis ich am Flughafen ein Taxi bekomme, das mich in die Stadt bringt; vieles wirkt improvisiert, wenn nicht chaotisch.

Es war einer der ersten regulären Linienflüge nach Baku überhaupt, und ich werde den Aufenthalt niemals vergessen. Ich hatte eine Woche der Recherche veranschlagt, was viel zu wenig war, wie ich im nachhinein gestehen muß. Dennoch war ich froh, als ich die Woche hinter mir hatte und wieder in Istanbul eingetroffen war, in der »Zivilisation«, wie es mir damals erschien. Aserbaidschan befand sich zu dieser Zeit mitten im Kriege mit den Armeniern. Das Land war unruhig, alle warteten darauf, daß die Volksfront (»Chalk cäbhäsi«) unter ihrem charismatischen Führer Ebulfez Eltschibey die nächsten Wahlen gewinnen würde in der Hoffnung, daß damit alles besser werde.

Ich war im zentral gelegenen »Hotel Azerbaidschan« abgestiegen, der ehemaligen, damals jedoch ganz heruntergekommenen Intourist-Herberge. Im Zimmer war es kaum auszuhalten, die sanitären Anlagen spotteten jeder Beschreibung, im durchaus großzügig angelegten Speisesaal war morgens niemals sicher, ob es am Abend etwas Vernünftiges zu essen geben würde. Immer wenn es dunkelte, betraten Schwerbewaffnete den Saal, wild aussehende Gestalten, die noch den Dreck von der Front im Westen an den Schuhen und an den Kampfanzügen hatten. Ihre Uniformen waren oft bunt zusammengewürfelt. Und man sah diesen Soldaten des unabhängigen Aserbaidschans an, daß die Dinge schlecht liefen an der Front. Jeden Tag wurden an der »Märtyrer- und Gräberallee« von Baku neue Gräber ausgeschachtet, und ein Besuch dort war Pflicht für jeden höheren Funktionär oder Besucher des Landes. Offiziell, so hieß es von armenischer Seite, kämpften nur die armenischen Bewohner von Berg-Karabach gegen die Aserbaidschaner, doch war es ein offenes Geheimnis, daß die Regierung in Eriwan Mittel und Wege fand, die Aufständischen sehr wohl zu unterstützen. Darauf wies die türkische Regierung in Ankara immer wieder hin, ohne daß die Weltöffentlichkeit dafür sonderliches Interesse zeigte.

In meinem Bad träufelte Wasser in einem dünnen Rinnsal in ein Becken, dessen vormals weiße Farbe jetzt in einem undefinierbaren Farbton changierte. So schnell wie möglich verließ ich diese ungastliche Bleibe. In der Provinzstadt Sumgait, Schauplatz des Massakers von 1988, war ich entsetzt über das architektonische Erscheinungsbild dieses Ortes, in Schemacha, einiges westlich von Baku gelegen, hatte ich Traumbilder des Orients erwartet. Weckt denn nicht schon der Klang Bilder einer orientalischen Fata Morgana? Die Stadt atmete freilich bereits Etappe. Soldateska lagerte dort auf Plätzen und Straßen, die vom Regen aufgeweicht waren, mit wilden Gesichtern, deren dunkle, ungepflegte Vollbärte mich an Iran denken ließen. Hier ist alles in steter Unordnung begriffen, dachte ich. Als einzigen positiven Beitrag dieser Exkursion nahm ich Informationen über den Aseri-Dichter Ahmed Cemil mit nach Hause. Ich hatte nämlich im Hotel die Bekanntschaft eines Istanbuler Kaufmannes, eines freundlichen älteren Herrn gemacht, der in Baku gerade seine Verwandten besuchte. Es war sein erster Aufenthalt dort nach der Wende, was mir vertraut vorkam. Er vermittelte mir ein Treffen mit seiner Familie, aus der auch Cemil stammte. Ahmed Cemil, in Deutschland gänzlich unbekannt, war ein großer Freund und Verehrer der deutschen Sprache und Kultur. Seine Übertragung von Goethes »Faust« ins Aserbaidschanische gilt bis heute als vorbildlich.

Zwei Jahre später war ich wieder in Baku. Damals wurde ein neues Rollfeld des Flughafens eingeweiht, das unter anderem von einer deutschen Firma gebaut worden war. Inzwischen lag die Herrschaft des gescheiterten Erlösers Eltschibey schon hinter dem Land, aus den Machtkämpfen der aserbaidschanischen Oligarchie hatte sich ein alter Bekannter als Sieger an der Spitze des Staates etabliert: Gajdar Alijew, der frühere Kommunistenführer Aserbaidschans. In seiner Rede, selbstverständlich in Aseri-Türkisch, pries er die deutsch-aserbaidschanische Zusammenarbeit in den höchsten Tönen. Dann beschwor er, als sei dies das Selbstverständlichste, den Namen des Allerhöchsten, Allahs, des barmherzigen Erbarmers, sowie den des Propheten und seiner heiligen Familie.

In Bakus Zentrum sah man neue Läden aus dem Boden sprießen. Die kyrillischen Schriftzeichen traten mehr und mehr zurück, an ihre Stelle kamen Schilder in der neuen, dem türkischen Lateinalphabet abgeschauten Schrift. Das Stadtbild war freundlicher, farbiger geworden. Überall gab es Buden, die Kebab anboten. Das abgetakelte »Hotel Azerbaidschan« unseligen Angedenkens wurde modernisiert, Stockwerk für Stockwerk; oberhalb der Altstadt – die in Baku allerdings sehr klein ist – hatte eine türkische Firma das »Hotel Hyatt« modernisiert. Eine ganze Anzahl jener noch prächtigen, aus der Gründerzeit um die Jahrhundertwende stammenden Bauten in der Innenstadt wurde gereinigt, so daß sie wieder im alten Glanze erstrahlten. Sie beschworen jene Epoche des ersten Ölbooms herauf, als europäische Firmen – unter anderem diejenige eines gewißen Alfred Nobel und seiner Nachkommen – in der schönen, malerisch um die Bucht von Apscheron gelagerten Stadt gute Geschäfte gemacht hatten. Geschichte kehrte wieder.

Baku, die »Stadt der Winde«, so hatte es den Anschein, war aufs neue im Aufbruch begriffen. Diese Meinung teilte man auch in der deutschen Botschaft, die sich in einer Seitenstraße des Nizami-Boulevards niedergelassen hatte. Schon war vom neuen Ölboom die Rede, der dem Land mit seinen 7,5 Millionen Einwohnern bevorstehe. Unter Alijew habe das Land zu neuer Stabilität gefunden, sofort habe auch Amerika positiv reagiert: mit einer Garantieerklärung für die Sicherheit Aserbaidschans. Diese erschien dem

Staatspräsidenten dringend notwendig, wenn er an die Nachbarn Georgien und Armenien dachte, auf deren Territorium noch immer (oder schon wieder) russische Truppen standen. Aserbaidschan hatte die russischen Soldaten weggeschickt und war stolz darauf.

Einzig der verlorene Krieg bereitete dem Land Pein – eine schwärende, tief klaffende Wunde. Die Kämpfe waren zwar inzwischen eingestellt, nur noch sporadisch fielen Schüsse in den westlichen Gebieten der Republik. Doch mehr als eine Million Aseris waren aus Berg-Karabach und den Regionen von Fizuli und Agdam im Westen des Landes nach Osten geflüchtet und vegetierten nun in Lagern am Rande der dürren Kura-Wüstensteppe dahin. Hubschrauber brachten uns in die Region, die Stimmung unter den Flüchtlingen, die teilweise Hals über Kopf ihre Häuser verlassen hatten, war gespannt. Unwillkürlich fragte man sich, ob der erfahrene Politiker Gajdar Alijew imstande sein würde, diese geballte Unzufriedenheit, ja Wut seiner Landsleute vor einer Explosion zu bewahren. Bis heute ist es ihm und der Regierung in Baku gelungen.

Aserbaidschan macht gegenwärtig noch den besten, weil ruhigsten und stabilsten Eindruck unter den drei transkaukasischen Republiken. Dies hat gewiß auch mit den günstigen, auf dem zu erwartenden Ölboom beruhenden Zukunftsaussichten zu tun. Hier tut sich schon manches, allerdings an der breiten Masse der Bevölkerung vorbei, die von den beginnenden ökonomischen Entwicklungen bislang nichts spürt. In den Städten ist jeder zweite arbeitslos. Gäbe es da nicht den Zusammenhalt durch die orientalische Familie und gäbe es nicht die – bisweilen fragwürdige Möglichkeiten der Schattenwirtschaft, es stünde noch weitaus schlechter um dieses Land. Es bereitet wenig Trost, daß die Verhältnisse bei den Nachbarn im Westen und Norden, in Dagestan vor allem, ähnlich, wenn nicht noch ungünstiger sind.

Doch die Kämpfe um die Macht sind keineswegs schon ausgestanden. Auch gegen Alijew gab es in den neunziger Jahren einige Putschversuche, die er freilich dank seiner Gerissenheit und Erfahrung als Machtpolitiker unbeschadet überstehen konnte. Die Aserbaidschaner sind jedenfalls, gleich den anderen Völkern ihrer Region, damit beschäftigt, zusammen mit der Konsolidierung der wirtschaftlichen Lage eine moderne Identität zu schaffen, die Altes und Neues enthält. Das ist in ihrem Fall, wie wir gleich sehen werden, besonders vielgestaltig.

Die beiden wichtigsten Boulevards im Zentrum von Baku sind nach zwei überragenden Dichtern des Landes wie des islamischen Orients insgesamt benannt: Nizami und Chaqani. Beide lebten vor vielen Jahrhunderten auf dem Gebiet, das heute den Staat Aserbaidschan umfaßt. Ihre bedeutenden Dichtungen jedoch verfassten sie auf Persisch. Zu ihrer Zeit gab es keine Nationen, der Universalismus des Islams, der nur Muslime und Nicht-Muslime ohne Ansehen der Herkunft kennt, machte das unmöglich. Da aber Nizami aus der Stadt Gandscha (Gence), die heute in Aserbaidschan liegt, stammte und dort auch sein Leben verbrachte, gilt er eben als Aserbaidschaner. Etwas anders liegt der Fall bei Chaqani, da seine Muttersprache offenbar der aserbaidschanische Dialekt des Türkischen, das Aseri, gewesen ist. Doch um die Verwirrung vollständig zu machen: In Baku ist auch dem Dichter Fuzuli ein Denkmal gewidmet, der niemals auch nur in die Nähe des Kaukasus oder gar Aserbaidschans gekommen ist, sondern im sechzehnten Jahrhundert in Bagdad im Irak lebte, teils als persischer, teils als osmanischer Untertan, je nachdem, wie das Kriegsglück es damals wollte. Des Rätsels Lösung: Fuzuli, eigentlich Mehmet Ibn Süleyman, war seiner Abkunft nach ein Aserbaidschaner, wie Chaqani, und hinterließ neben einer Gedichtsammlung in arabischer und persischer Sprache auch eine in Aseri.

Das zeigt die Komplexität der aserbaidschanischen Identität, die sich zwischen türkischem Volkstum, türkischer (aserbaidschanischer) Sprache und iranisch-persischer Kultur bewegt. Was die Oberschicht betrifft, so war in den vergangenen hundertfünfzig Jahren auch noch eine russische Überformung hinzugekommen, bis hinein in die Sprache. Nicht wenige der Führer Aserbaidschans müssen ihre Muttersprache erst wieder lernen, da sie seit ihrer Kindheit nur Russisch gesprochen haben. So bewegen sich die Aserbaidschaner in einem kulturellen Dreieck, das ihren Reichtum ausmacht, aber auch zu nicht geringen Schwierigkeiten führt. Türkisch, Persisch, Russisch. Natürlich hört man in Baku gelegentlich

Radio Teheran oder Radio Täbris, denn der größere Teil der Aseri-Türken lebt ja jenseits des Grenzflusses Araks in der Nordwestprovinz der Islamischen Republik Iran, wo man gegebenenfalls auch Verwandte hat. Mit dem islamischen Fundamentalismus der dort herrschenden Mullahs freilich will man mehrheitlich nichts zu tun haben in der Stadt der Winde. Das wollen noch nicht einmal jene Schiiten, die auf dem Nizami-Boulevard, ganz in der Nähe des Nizami-Museums, handgemalte Plakate und Bilder der schiitischen Heiligen an die Passanten verkaufen.

Land des Erdöls und der Feuertempel. So lautet ein verbreitetes Klischee über Aserbaidschan, das den Vorteil hat, durchaus Wahres zu enthüllen. Zudem verknüpft es uralte Zeiten mit der Moderne. Noch heute kann man unweit der Hauptstadt Überreste von Ateschkadehs besichtigen, von alten Feuertempeln, die in die vorislamische, antike Vergangenheit des Landes zurückverweisen. Aserbaidschan – dieser Name ist wohl eine vielfach vermittelte sprachliche Umformung der alten griechischen, auf den König Atropes zurückgehende Bezeichnung Atropatene für das Land. In antiken Quellen erscheinen dessen östliche Bewohner oft als Albaner. Sie haben indes mit den uns bekannten Albanern des Balkans nichts zu tun. Vielmehr ging wohl eine Bezeichnung, die die weißen, mit Schnee bedeckten Berge des Kaukasus meinte, auf die Bevölkerung über. Weit in vorchristlicher Zeit kamen der Kult und die Religion Zarathustras, des größten der iranischen Propheten, in die Berge der Albaner. Die persische Achaimeniden-Dynastie, begründet von Kyros dem Großen um 550 v. Chr., herrschte bis zu ihrem Sturz durch Alexander den Großen über ein Reich, das sich von Westiran aus immer weiter ausdehnte, im Osten über Baktrien hinaus nach Transoxanien, ins heutige Mittelasien, im Nordwesten bis nach Anatolien und Griechenland hinein, im Norden bis zum Riegel des Kaukasus. So kam auch die Lehre des iranischen Religionsstifters Zarathustra nach Aserbaidschan, denn sie war die Staatsreligion des persischen Reiches. Die Atropatene war für einige Zeit Bestandteil des damals größten Reiches der Welt, und der persische Einfluß wurde in einer Weise prägend, die lange Zeit für die gesamte Kultur bestimmend wurde.

In der Religion Zarathustras spielten neben dem Monotheismus, dem Glauben an Ahura Mazda als dem Weltenschöpfer und als das Prinzip des Guten, dem freilich ein Prinzip des Bösen, Ahriman oder Angra Mainju genannt, gegenübersteht, die Verehrung des Rindes und des reinigenden Feuers eine große Rolle. All dies weist auf Ursprünge in oder wenigstens auf eine Verwandtschaft mit Indien hin, wo bis heute von der hinduistischen Bevölkerung der Feuergott Agni angebetet wird und das Rind gar in den Rang der Heiligkeit erhoben wurde. Die Lehre Zarathustras, oft als Mazdaismus, Zoroastrismus, Parsismus bezeichnet, hatte in der Geschichte der Religionen eine einzigartige Bedeutung. Man kann ohne Übertreibung sagen, daß alle anderen, nach ihr entstandenen Weltreligionen ohne ihren Einfluß anders geworden wären. Sowohl der Islam als auch das Christentum, erst recht der Manichäismus und andere vorderasiatische Kulte der Antike sind ohne den Propheten Zarathustra schwer zu verstehen, obschon die Muslime sich alle Mühe gaben, diesen Einfluß zu tilgen. Im heutigen Aserbaidschan, das einen eigenen Weg und neue-alte Identitäten sucht, bekommt man über Zarathustra und die Lehre der Parsen vieles zu hören. Gleichwohl steht die türkisch-islamische Prägung doch im Zentrum dieses Prozesses.

Nach dem Ende des Großpersischen Reiches versinkt die Atropatene für eine Weile in der Ungewißheit oft ungeklärter Geschichte. Während der antiken Periode zeigte sich, daß der Kaukasus eben eher eine Grenze war denn eine Brücke. Lokale Fürstentümer und Herrschaften beanspruchen die Macht und werden jeweils wieder von Rivalen verdrängt. Das Römische Weltreich beginnt, sich auch nach Osten auszudehnen, doch je weiter es in dieser Richtung expandiert, desto lockerer und indirekter wird sein Einfluß. Dies gilt besonders für den Ostrand Kleinasiens, der nach der Eroberung von Asia Minor durch Rom im ersten Jahrhundert v. Chr. von einem Kranz von Vasallenstaaten umgeben ist. Doch zeitweise herrscht Rom auch direkt über den östlichen Rand Transkaukasiens. Im zweiten und dritten Jahrhundert n. Chr. entsteht ein unabhängiges Reich Atropatene, das am Ende aber doch dem überlegenen Druck des sassanidischen Persiens weichen muß. Die Atropatene wird in das Reich dieser Dynastie fest eingegliedert, nach wie vor ist der Zoroastrismus die Religion der Bevölkerung. Das Reich der Sassaniden wird, was seine geistige Gestalt angeht, von den Mobedan beherrscht, den Priestern und Weisen der zoroastrischen Religion, die das Erbe Zarathustras jedoch auch zu einer extremen Dogmatik erstarren ließen. Bis 670 n. Chr. existiert allerdings auf dem Boden Aserbaidschans auch noch ein christliches Reich.

In dieser Situation erscheint der junge, gerade erst in den Wüsten Arabiens entstandene Islam auf der Bühne der Weltgeschichte. In einer erstaunlichen Geschwindigkeit verbreitet er sich über ganz Vorderasien und Nordafrika, dringt schließlich – der Tod des Propheten Mohammed liegt erst wenige Jahrzehnte zurück – nach Mittelasien und auch, schon im Jahre 642 n. Chr., in den Kaukasus vor, wo die christlichen Reiche und die Byzantiner Widerstand leisten. Die islamische Eroberung beginnt aus dem Osten der Region, das heißt von den leichter zugänglichen Küsten Dagestans aus. Islamische Herrschaften fassen in den Bergen Fuß und festigen ihren Einfluß, in ständiger Auseinandersetzung mit Georgiern (Iberiern) und Armeniern. Das Gebiet der Atropatene bleibt für lange Zeit eine Region am Rande des großen islamischen Weltreichs der Omajjaden (bis 750), dann der Abbasiden (bis 1258), das sein Zentrum zunächst in Damaskus, später in Bagdad hat, bevor es zerfällt und zur leichten Beute der Mongolen wird. Die Randlage im Kalifat bedeutet freilich nicht, daß diese Region kulturell für den Islam unwichtig gewesen sei. Vor allem Dagestan wird eine Provinz der Gelehrsamkeit. Die Muslime des östlichen Kaukasus sehen sich allerdings, je mehr das Bagdader Kalifat verfällt, von ihren christlichen Nachbarn herausgefordert. Sowohl Armenier als auch Georgier erleben ja, wie wir gesehen haben, im Mittelalter eine Hochblüte ihrer Kultur und Staatlichkeit. Begleitet werden diese Rivalitäten von großen Entwicklungen in der näheren und weiteren Umgebung. Ein neues Element tritt in Erscheinung, das für den Islam ethnisch und kulturell unabsehbare Folgen haben wird: die Türken. Der Kaukasus wird eines ihrer Einfalltore, etwa für die Chasaren und andere Stämme.

Schon vor der Jahrtausendwende hatten Abkömmlinge türkischer

Nomadenvölker aus Zentralasien infolge ihrer militärischen Tüchtigkeit Einfluß am Hof der Kalifen erlangt. Die Herrscher schätzten die Kampfkraft der gerade erst zum Islam bekehrten Türken hoch ein und formten aus ihnen ihre persönlichen Garden, denen nichts anderes oblag als der Schutz des Kalifen und seiner Familie. Manche dieser lokalen Militärfachleute und türkischen Ausbilder (atabege) errichteten schließlich lokale Dynastien und dienten dem Kalifen nur noch pro forma.

Um die Jahrtausendwende beginnen die türkischen Stämme Mittelasiens massiv zu wandern. Vor allem die Stämme der Ogusen, östlich des Kaspischen Meeres im Gebiet um den Aralsee beheimatet, drängen nach Süden und Westen. Die bekanntesten von ihnen sind die Seldschuken, die in Iran und Anatolien Dynastien gründen, sowie, nach ihnen, die Osmanen, die später ein islamisches Weltreich errichten werden. Ogusische Turkmenenstämme dringen jedoch auch in das Land der antiken Albaner ein und lassen sich dort nieder. Schwerpunkte ihrer Sesshaftigkeit werden das westliche Ufer der Kaspisee zwischen Derbent und der iranischen Provinz Gilan, die Kura-Ebene und die Regionen südlich des Araks-Flusses (heute Iran). Von dort aus dringen die Turkmenen, zum Islam übergetreten, in die Berge vor. Den Islam hatten die meisten von ihnen in seiner sunnitischen Form angenommen. Bis heute sind die türkischen Völker, so weit sie sich zum Islam bekennen, Sunniten der hanefitischen Rechtsschule. Ein Teil der Nomadenstämme gerät freilich auch unter den Einfluß schiitisch-heterodoxer Prediger, die sich dem Schiitentum zugewandt haben. Sie verehren neben Gott (Allah) und dem Propheten Mohammed auch zwölf Imame, eine Kette, die mit Ali Ibn Abi Talib, dem leiblichen Vetter und Schwiegersohn des Propheten, beginnt und bis zum zwölften Imam reicht, der im neunten Jahrhundert nach der Lesart der Schiiten auf geheimnisvolle Weise verschwand und in die »große Verborgenheit« entrückt wurde. Von dort, so glauben die Anhänger dieser islamischen Konfession, wird er am Ende der Zeiten wiederkehren und ein eschatologisches Friedensreich errichten, in dem Humanität und Gerechtigkeit endgültig triumphieren. Im Milieu der Nomaden behält der heterodoxe Schiismus, der häufig auch das religiöse Gesetz des Islams ablehnt, viele Bestandteile der alten türkischen Religion Mittelasiens bei, besonders schamanistische Elemente. Nach der Jahrtausendwende, als die Seldschuken unter Sultan Alparslan nach Anatolien vorstoßen, ist das Gebiet des heutigen Aserbaidschans sprachlich schon weitgehend turkisiert.

Mit der Herrschaft der Mongolen, die 1258 das abbasidische Kalifat in Bagdad zerstörten und allmählich selbst den Islam annahmen, gerät Aserbaidschan ganz unter den Einfluß Persiens, zu dem es viele Jahrhunderte gehören wird. Schon die Seldschuken, obschon Türken, hatten sich ganz der persischen islamischen Kultur und auch der persischen Sprache verschrieben, die an ihrem Hofe gesprochen wurde. Nicht anders in Aserbaidschan. Doch nicht genug damit: Aserbaidschan wird sogar der Ausgangspunkt für die endgültige Machtübernahme der Schia in Iran. Bis zu diesem Zeitpunkt war Iran konfessionell gemischt gewesen, mit einer sunnitischen Mehrheit. Im vierzehnten Jahrhundert nun beginnt der Sufi-Scheich Safi al-Din aus der Stadt Ardebil, der ursprünglich wohl ein Sunnit gewesen ist, mit einer religiösen Erweckungsbewegung unter den Turkstämmen der Region. Zu ihnen gehören auch die Ak Koyunlu und Kara Koyunlu, das heißt die Stämme vom weißen und vom schwarzen Hammel. Unter diesen Nomaden gründet Scheich Safi den nach ihm benannten Safawiden-Orden, der sich dem Schiismus zuwendet, vor allem unter Safis Nachfolgern Scheich Dschunaid und schließlich dem berühmten Schah Ismail. Dieser erobert mit Hilfe seiner Glaubenskrieger, die wegen ihrer roten Mützen den Namen »kizilbasch«, Rotkopf, tragen, im Jahre 1501 Persien und macht sich daran, die Schia dort zur offiziellen Staatsreligion zu erklären. Wenn heute Iran das einzige Land mit schiitischer Staatsreligion ist, dann verdankt es das der aserbaidschanischen Dynastie der Safawiden, die selbst bis zum Jahre 1722 herrschte, über Iran wie über den größten Teil des heutigen Aserbaidschans, das allerdings lokale Fürstendynastien wie die berühmten Schirwanschahs hervorbrachte. Diese residierten in Schemacha, Scheki, Baku, Derbent und anderen Städten des Landes.

Auf Schah Ismail, der zum Zeitpunkt der Eroberung Irans erst fünfzehn Jahre alt war, müssen wir später noch einmal zurückkommen. Denn dieser grausame Eroberer war zur gleichen Zeit ein feinsinniger, subtiler Poet, der als Begründer einer Literatur in aserbaidschanisch-türkischer Sprache angesehen werden muß. Als Politiker ist er der Gründervater des modernen Irans, der jedoch auch für die Geschichte Aserbaidschans von großer Bedeutung war. Da er dem Schiitentum in Iran endgültig zur Macht verhalf, verfestigte er auch den Jahrhunderte währenden Gegensatz der Perser zu den sunnitischen Osmanen, die mit Iran zahlreiche Kriege führten. Schon in der Schlacht von Tschaldiran im Jahre 1514 schlug der Osmanen-Sultan Selim I. im Osten Anatoliens die Anhänger Schah Ismails vernichtend, so daß sie weiter nach Osten abgedrängt wurden. In den Kriegen zwischen Osmanen und Safawiden war Aserbaidschan immer wieder Zankapfel und Schauplatz zugleich.

Ein wenig oberhalb der Bakuer Altstadt, die vom »Mädchenturm« (Kiz Kalasi) und dem Palast des Schirwanschahs dominiert wird, erhebt sich die mit zwei schönen Minaretten ausgestattete Tasapia-Moschee. Gegenüber dem Eingang werden religiöse Devotionalien feilgeboten, Wandteppiche zeigen die heilige Kaaba zu Mekka, Gebetsketten und Plakate, welche die Imame Ali und Hussein darstellen, liegen aus. Es gibt gedruckte Koran-Exemplare, offenbar aus der Türkei importiert. In der Moschee selbst treffen wir auf einige ältere, ganz wenige junge Männer. »Am Freitag ist es voll«, sagt ein Aksakal, ein würdiger Weißbart, auf meine erstaunte Frage, warum es denn zur Zeit des Mittagsgebetes so leer sei in dem Bethaus. Angesichts dieser Leere vermag man sich nur schwer vorzustellen, mit welch fanatischem Eifer auch die Muslime in diesem Teil der Welt einmal gegeneinander gekämpft haben. Der Gegensatz zwischen Sunniten und Schiiten, der früher tödlich sein konnte, ist heute nicht mehr zu spüren. Das ist auch ganz im Sinne der türkischen Brüder, die aus der nur zwei Flugstunden entfernten türkischen Hauptstadt Ankara angereist sind und die wir jetzt in der Moschee treffen. Sie sind Sunniten und gehören einer Organisation an, die sich schon vor dem Fall des Eisernen Vorhangs, des »demirperde«, um das Geschick der Muslime in der Sowjetunion gekümmert hatte. Davon gibt es heute jede Menge in Ankara. Und man schätzt, daß etwa zwei Millionen Aseri-Türken in der heutigen Türkischen Republik leben. Die Türken der Türkei empfinden große Sympathie für die Aseri-Brüder, die ihnen nicht allein geographisch am nächsten stehen.

Was nun den Islam angeht, so sollte man sich von der recht leeren Moschee nicht täuschen lassen. Baku ist eine Stadt mit eigener Vergangenheit, die seit dem frühen neunzehnten Jahrhundert schon starke Säkularisierungsprozesse erlebt hat. Geht man in die Provinz, so sieht das ganz anders aus: Schon unmittelbar nach der Unabhängigkeit im Jahre 1991, ja auch schon in der Periode des Überganges von der Sowjetherrschaft zur Autonomie Ende der achtziger Jahre, pflegten die Schiiten Aserbaidschans ihre religiösen Bräuche, etwa aus Anlaß das Trauermonats Muharram, in dem man am Aschura-Tag der Ermordung des Imams Hussein gedenkt. Die Religion ist nun wieder frei praktizierbar, ohne daß fundamentalistische Tendenzen auffielen. Sie wären auch ganz gegen die Intentionen der Staatsführung, die den Islam in das »nation building« aufgenommen hat, wie das die Armenier und die Georgier verstärkt mit dem Christentum tun. An iranischen oder saudi-arabischen Vorbildern will man sich dabei weiß Gott nicht orientieren. So sieht es auch Allahschükür Paschazadeh (früher Paschajew), der Mufti in Baku, für den in Sachen Religion die Türkei das Muster darstellt. Das moderne Aserbaidschan ist ein komplexer Staat mit einer Gesellschaft, deren heutige Struktur auf das achtzehnte und neunzehnte Jahrhundert sowie auf die Sowjetzeit zurückgeht. Da kann der Prozeß der Identitätsfindung nicht einfach sein. Vor allem braucht er Zeit, denn die gegenwärtige Situation ist das Ergebnis von Jahrhunderten.

War Aserbaidschan im sechzehnten und siebzehnten Jahrhundert immer wieder Zankapfel zwischen Osmanen und Persern gewesen, so war es im achtzehnten Jahrhundert der beginnende Drang der Russen nach Süden, der zusätzlich Druck auf die Region erzeugte. Im Lande selbst zerfiel die zentrale Herrschaft der Schirwanschahs in eine Reihe von Khanate, die ihre Zentren in Scheki, Gandscha, Karabach, Schemacha und so weiter hatten. Von den Kriegen der ersten Hälfte des neunzehnten Jahrhunderts war schon die Rede. 1813, nach dem Frieden von Gulistan, und dann nach den Abmachungen von Turkmantschaj verlor Iran Aserbaidschan endgültig an Rußland, das sich anschickte, die Hauptstadt Baku auszubauen und das ganze Land von Grund auf umzukrempeln. Unter Peter dem Großen hatten die Russen im Jahre 1723 zum erstenmal Baku erobert, es aber zwölf Jahre später wieder zurückgegeben. 1806 dann annektierten sie die Stadt endgültig. Anlaß war die Ermordung des russischen Gouverneurs, der seit 1804, als russische Truppen die Stadt Gandscha erstürmt hatten, in Baku residiert hatte. Man sieht, die Stadt wurde russisch, noch bevor das übrige nördlich des Araks gelegene Territorium Aserbaidschans in die Hände des Zaren fiel. So sind auch die fast zweihundert Jahre Petersburger und Moskauer Herrschaft für die Aseri-Türken mehr als nur eine Episode geblieben.

Bei der Modernisierung wurde der Zar unterstützt von einheimischen Intellektuellen, die vom Einfluß russischer Wissenschaft, Kunst und Kultur profitierten. Zwar blieben sie aserbaidschanische »Patrioten« – ein Ausdruck, der den Muslimen eigentlich unbekannt war, aber über westlich inspirierte Reformbewegungen auch in den Orient eindrang –, zeigten sich aber durchaus bereit, um des Fortschritts ihres Volkes willen von den Russen wie vom Westen insgesamt zu lernen. Vor allem gegen Ende des Jahrhunderts zeichnete sich ab, daß Baku einen enormen ökonomischen Wert haben würde, hatten doch schon in der Antike die Ölvorräte dazu gedient, die Flammen auf den zoroastrischen Feuertempeln zu entzünden. Im Zeitalter der Industrialisierung nun, der Maschinen-Kultur mit ihrer Unersättlichkeit gegenüber den natürlichen Ressourcen, wurde in Baku ein Ölboom eingeläutet, der Pionieratmosphäre, bisweilen auch Goldgräbergeist erzeugte. Westliche Firmen und Bankhäuser ließen sich zwischen 1880 und 1900 in der schönen, gleich einem Amphitheater an der Apscheron-Bucht gelegenen Stadt nieder, so Nobel, so die Rothschilds, aber auch Siemens. Die Stadt erlebte sozusagen eine »Gründerzeit«, was ihren Baustil bis heute prägt. Um die Jahrhundertwende war Aserbaidschan einer der wichtigsten Erdölproduzenten, ein Trend, der bis in die dreißiger und vierziger Jahre des zwanzigsten Jahrhunderts andauerte. Danach machte das nahöstliche Erdöl dem aserbaidschanischen erfolgreich Konkurrenz. Die Produktion sank jedoch auch deshalb so rapide ab, weil die Sowjets das sibirische Öl entdeckten. Seine Förderung verlangte einen wesentlich geringeren finanziellen und technischen Aufwand.

Schon in der Zarenzeit sorgten die ethnischen Veränderungen in Baku, der Zuzug von Russen und Angehörigen westlicher Nationen dafür, daß modernes Denken die orientalisch-schläfrige Stille aufstörte. Wenig später sollte die Stadt zu einem revolutionären Zentrum des Orients werden. Nicht allein Russen, auch muslimische Denker strebten nach einer Modernisierung und Umgestaltung des politischen und gesellschaftlichen Lebens in der Region. Sozialistische Ideen aus dem fernen Petersburg und Moskau drangen in den Süden ein, wie überhaupt der Kaukasus ein Zentrum revolutionären Gärens wurde. Vorreiter unter den Muslimen waren die Tataren, sowohl diejenigen von Kasan, als auch jene von der Krim. Diese gründeten eine geistige Bewegung, die den Namen »Dschadidismus« erhielt. Das arabische Wort »dschadid« meint »neu«. Schöpfer dieser Lehre war der Krimtatar Ismail Gaspirali, in russischen Quellen Gasprinskij genannt, der für eine Erneuerung und Modernisierung, kurz für Reformen im Islam eintrat. Gaspirali war Lehrer und stammte aus Bachtschisaraj auf der Krim. Mit seinem Buch »Das russische Mohammedanertum« und vor allem mit seiner Zeitschrift »Tercüman« (Der Dolmetsch) übte er nicht nur eine bedeutsame Wirkung auf die Muslime im Zarenreich, sondern im gesamten Islam, bis nach Indien, aus. Dabei war Gaspirali noch kein Nationalist, sondern Universalist. Sein Hauptanliegen war es, mittels einer Reform des gesamten islamischen Schulwesens, weltliche Elemente darin eingeschlossen, den Islam zu stärken und der modernen Zeit anzupassen. Gaspiralis Dschadidismus verbreitete sich rasch, seine Ideen fielen bei den Muslimen Bakus auf fruchtbaren Boden, wenn auch die beiden Revolutionen von 1905 und 1917 im allgemeinen mehr eine Angelegenheit der jeweiligen russischen Stadtbevölkerung waren. Als die Februar-, dann die Oktoberrevolution ausbrach, war Baku jedenfalls eine Stadt, in welcher der Modernismus in den fünfzig Jahren zuvor umfassende

Veränderungen im ethnographischen, sozialen und kulturellen Gefüge bewirkt hatte. So befand sich die Stadt – die Landbevölkerung war weitgehend in ihren traditionell-feudalen Beziehungen steckengeblieben – irgendwo in der Mitte zwischen Orient und Okzident, wobei freilich der Okzident in Gestalt des vergleichsweise zurückgebliebenen zaristischen Rußland auftrat. Unter der einheimischen »Intelligenzija« – ein Begriff, der unter spezifisch russischen Vorzeichen ausgebildet worden war – hatten Gedanken einer sozialen Emanzipation, eines sozialen Ausgleichs Fuß zu fassen begonnen. Am Ende des Ersten Weltkrieges und in den Jahren danach sollte sich zeigen, daß Baku auch zu einem Zentrum sozialistischer Ideen (und deren Propaganda) geworden war.

Der Erste Weltkrieg und die bürgerliche Republik

Während des Ersten Weltkrieges geriet ganz Transkaukasien, vor allem jedoch das erdölträchtige Aserbaidschan, in das Fadenkreuz jener Mächte, die sich in der Region am erbittertsten befehdeten. Das waren einmal die um ihr Überleben kämpfende osmanische Türkei, die an fast allen ihren Fronten in das Kriegsgeschehen verwickelt war, auf der anderen Seite das nicht weniger morsche, im Innern von Revolutionären aller Art herausgeforderte Zarenreich. Betroffen waren davon, wir haben es schon gehört, auch die Armenier, die zu ihrem Unglück zwischen den türkischen Hammer und den russischen Amboß gerieten. Die Türken wollten sie niederzwingen, die Russen ihnen eigentlich Schutz gewähren, wobei sie die Armenier freilich auch zum Instrument für ihre machtpolitischen und militärischen Ziele machten. Die meisten Aseri-Türken hatten große Sympathien für ihre Brüder im Osmanischen Reich, wußten sie doch , daß diese um ihr Überleben kämpften.

Die treibende Kraft an der Kaukasus-Front war auf der mit dem Deutschen Reich und mit Österreich-Ungarn verbündeten türkischen Seite Enver Pascha. Zusammen mit Talaat Pascha (seit 1917 Großwesir) und Cemal Bey (später ebenfalls Pascha) bildete er jenes Triumvirat, das in Istanbul/Konstantinopel dem Komitee für

Einheit und Fortschritt (Ittihad ve Terakki) vorstand und die Geschicke des Reiches unter dem schwächlichen Sultan Mehmet V. Reschad lenkte. Enver galt als brillant, möglicherweise zu Unrecht. Er war offiziell Kriegsminister (Serasker), mit einer Tochter des Padischah verheiratet und blieb den Deutschen wohlgesinnt. Aufenthalte in Berlin hatten diese Bindungen noch verstärkt. Gleichzeitig war er eitel bis zur Selbstvergottung und glaubte fest daran, daß die osmanischen Waffen, erst recht im Bündnis mit dem deutschen Kaiser, siegreich sein mußten. Im Jahre 1922 sollte der glücklose Enver bei Kämpfen gegen die Rote Armee in der Nähe von Buchara fallen.

Der Krieg gegen die Russen im Osten gestaltete sich freilich von Beginn an schwierig. Envers Offensiven stockten und versandeten. Die Russen gingen ihrerseits zur Offensive über und eroberten im Jahre 1916 die Stadt Trabzon (das antike Trapezunt), bevor sie wieder nach Osten zurückgeschlagen werden konnten. Dies hing mit dem Ausbruch der Revolution in Rußland zusammen, welche die russischen Kräfte entscheidend schwächte. Auch auf Baku schwappte die Revolution über, unter der russischen Bevölkerung war die Propaganda der Bolschewiki auf durchaus fruchtbaren Boden gefallen. Als wichtigere, durchaus revolutionäre Gegenkraft trat nun allerdings die Müsavat-Partei auf den Plan, deren Fernziel eine unabhängige Republik Aserbaidschan war. Ihr Führer, Mehmet Emin Resulzade aus Baku, Jahrgang 1884, begeisterte sich für sozialdemokratische Ideen und hatte im Jahre 1907 als junger Mann schon an der konstitutionellen Revolution in Iran teilgenommen. Der Kern seines politischen Programms wird aus der Bezeichnung »müsavat – Gleichheit« deutlich. Es ging dieser Partei um die Etablierung eines unabhängigen Aserbaidschans und um die Durchsetzung sozialer Errungenschaften nach westlichem Vorbild. Doch auch bei Gaspiralis Dschadidismus hatte man Anleihen aufgenommen. Soziale Entwürfe, die aus der Begegnung mit russischen Revolutionären hervorgegangen waren, und eine islamisch-modernistische Soziallehre sollten verwirklicht werden. Im Jahre 1911 war die Müsavat in Baku offiziell gegründet worden. In den Wirren des Krieges gelang es den Müsavatisten, im Gebiet der Stadt Gandscha, die damals Jelisawetpol hieß, eine kleine Republik zu schaffen, die sie freilich noch innerhalb des russischen Staatsverbandes belassen wollten. Man warb um georgische und armenische Revolutionäre mit dem Ziel, eventuell eine transkaukasische Republik ins Leben zu rufen. Die Müsavatisten waren jedoch zu schwach, um alleine die Macht zu erringen. Sie waren und blieben auf fremde Hilfe angewiesen. Ihre Stunde schlug, als im Frühsommer 1918 eine britische Armee unter General Dunsterville Baku eroberte. Die Briten wurden zwar zunächst von türkisch-deutschen Verbänden vertrieben, konnten jedoch kurz darauf wieder in der aserbaidschanischen Hauptstadt einziehen. Dies bedeutete eine Niederlage für die kommunistischen Revolutionäre, die nun fürs erste das Feld den Nationalrevolutionären des Müsavat überlassen mußten.

Hier sind wir an einem wichtigen Einschnitt der Geschichte Aserbaidschans angelangt. Unter Resulzade wurde für zwei Jahre eine unabhängige bürgerliche Republik Wirklichkeit, an deren Existenz das zeitgenössische Aserbaidschan zu hundert Prozent anknüpfen möchte. Es ist dieselbe Phase, wie sie auch Georgien und Armenien während dieser Zeit durchmachten. Die Republik der Müsavatisten wurde 1920 von den Bolschewiki vernichtet, doch geistig hat sie immer weitergelebt – in den Köpfen und Herzen der meisten Aserbaidschaner, auch derer, die sich später vom kommunistischen Regime kompromittieren ließen. Zu Beginn der neunziger Jahre, als die Unabhängigkeit vom Kreml erreicht war, haben nicht wenige Aserbaidschaner bekannt, wie sehr sie sich in der siebzig Jahre währenden Epoche des Sowjetstaates verbiegen mußten, zu einer Zeit, da die Sowjetherrschaft unerschütterlich zu sein und ewig zu währen schien. Gar mancher hatte sich unter dem Druck der verordneten marxistisch-leninistischen Doktrin dazu herabgelassen, den Staat der Müsavatisten zu schmähen, als bloß bürgerlichen Vorläufer der sozialistischen Befreiung, als Klassenstaat, in dem die Interessen der »nationalen Bourgeoisie« allemal Vorrang gehabt hätten vor dem Wohlergehen der Massen. Es verhielt sich freilich umgekehrt: Während Mehmet Emin Resulzade ein vergleichsweise selbstloser und integrer Führer seiner kurzlebigen Republik gewesen war, blühten gerade in kommunistischer Zeit das

Bonzentum und die Korruption. Und die Müsavatisten regierten zu kurz, um beweisen zu können, daß ihr Konzept geeignet war, in einem zwar vom Islam geprägten, aber auch stark von den Russen beeinflußten Gemeinwesen Erfolg zu haben. Im Frühjahr 1920, am 28. April, eroberten bolschewistische Truppen Baku und bereiteten dem kurzlebigen Frühling der aserbaidschanischen Freiheit und Unabhängigkeit ein unrühmliches Ende. In den folgenden Jahren sollte die Stadt, obschon nicht aus freien Stücken, eines der wichtigsten Zentren der kommunistischen Ideologie im Orient werden – bis zum Zusammenbruch des Sowjetstaates 1990/91. Dies zeigte schon der Kongreß der »Werktätigen des Orients« in Baku, bei dem der bekannte »islamische Kommunist« Sultan Galijew eine führende Rolle spielte. Galijew war eigentlich Baschkire, von Beruf Lehrer, stellte sich jedoch an die Spitze der revolutionären Bewegung im Orient. Später brach er mit der Nationalitätenpolitik Stalins, wurde wegen »Pantürkismus« verurteilt und wahrscheinlich während der großen Säuberungen in den dreißiger Jahren ermordet. Sein Schicksal konnte bis heute nicht aufgeklärt werden.

Von 1922 bis 1936 wurde Aserbaidschan zusammen mit Armenien und Georgien zur Transkaukasischen Sozialistischen Sowjetrepublik zusammengeschlossen, am 5. Dezember 1936 wurde es zur Sowjetrepublik, das heißt zu einer der fünfzehn Unionsrepubliken der Sowjetunion. Mehmet Emin Resulzade, der für kurze Zeit der Führer eines aserbaidschanischen Piemont gewesen war, ging ins türkische Exil, wo er im Jahre 1955 in Ankara starb. Er selbst konnte sich den Traum von der Befreiung vom sowjetischen Joch nicht mehr erfüllen, seine Enkel jedoch haben ihn erlebt und knüpfen in unseren Tagen in vielem bewußt an sein Erbe an.

Nation building – das kulturelle Erbe

Nur wenige Schritte vom Denkmal für die sechsundzwanzig erschossenen Sowjetkommissare in Bakus Innenstadt liegt die türkische Botschaft. Die zentrale Lage des Gebäudes spricht für sich, denn der Botschafter Ankaras hat eine ganz besondere Stellung inne im heutigen Aserbaidschan. Auch unter Alijew, der seit 1993 herrscht, ist die Bindung des Landes an die Türkische Republik am größten, obschon Alijew geschickter und zurückhaltender agiert als sein Vorgänger Ebulfez Eltschibey. Diesem war, wie wir noch sehen werden, unter anderem sein übertriebener Türkismus zum Verhängnis geworden. Alijew hingegen suchte von Beginn an eine Balance, die die anderen großen Nachbarn Iran und Rußland stärker berücksichtigte. Aber auch unter Alijew behielt die Türkei ihre Sonderstellung. Schon unmittelbar nach der Unabhängigkeit 1991 quollen die wenigen Hotels in Baku über von türkischen Geschäftsleuten und Angehörigen von Solidaritätskomitees, die entweder Geschäfte machen oder den verwandten Aseri-Türken in irgendeiner Form Hilfe im Krieg mit den Armeniern gewähren wollten.

Es fiel auf, daß auch Bücher aus der Türkei in immer größeren Massen auf den Markt drängten. In der gemeinsamen Sprache, die sich nur in Nuancen des Wortschatzes unterscheidet, ist das größte Merkmal der Zusammengehörigkeit zu suchen. Von Wissenschaftlern aus beiden Ländern wird dies besonders gerne hervorgehoben. Heute, da diese Zeilen geschrieben werden, gibt es in der Türkei sogar Pläne, eine Art türkisches »Mindestidiom« zu schaffen, mit dessen Hilfe sich alle Türken zwischen dem Bosporus und dem Baikalsee verständigen könnten. Und der türkische Staatspräsident Süleyman Demirel hatte schon Mitte der neunziger Jahre mehrmals Schriftsteller aus dem Kaukasus und Mittelasien nach Ankara eingeladen, um mit ihnen über die gemeinsamen Merkmale der türkischen Sprache und Literatur zu sprechen.

Die Aserbaidschaner beharren freilich, bei aller Gleichheit, doch auch auf den Unterschieden und bringen sie in ihr »Nation building« ein. Dabei beziehen sie sich vor allem auf ihre große Dichtung. Als deren Stammvater gilt Ilyas Ibn Yusuf, genannt Nizami, der von 1141 bis 1209 lebte. Wir haben schon darauf hingewiesen, daß Nizami in persischer Sprache dichtete, das heißt in jenem Idiom, das sich in der klassischen Epoche des Islams mehr und mehr als Sprache der Literatur, vor allem der Epik und Lyrik, herausgebildet hatte. So findet sich Nizami, wie eine Vielzahl anderer »aserbaidschanischer« Dichter auch, im allgemeinen unter der

Rubrik »Iranische Literaturgeschichte«. Da er jedoch in Gandscha geboren wurde, das heißt auf einem Gebiet, das heute zu Aserbaidschan gehört, haben ihn die Aseris sozusagen »eingemeindet«. Im Nizami-Museum zu Baku, einem hübschen, leicht orientalisierenden Bau, wird über Leben und Werk dieses Poeten informiert. Nizami errang seinen Ruhm vornehmlich mit seiner Chamse oder dem »Fünfer«, das heißt einer Sammlung von fünf umfangreichen Versepen, die von der mystischen Liebe von Gott und Mensch handeln sowie von den tiefen Weisheiten der Schöpfung. Sein Opus magnum ist das romantisch-mystische Liebesepos »Leila und Medschnun«, eine Liebesgeschichte, wie der christliche Westen sie mit »Romeo und Julia« kennt. Nizami überhöht freilich das menschliche Liebesdrama dadurch, daß er es einbettet in die Sphäre der Transzendenz. So wird diese Dichtung zur beispielhaften Darstellung und Interpretation der Lehren des »tasawwuf«, der Mystik im Islam, auf dem Felde und mit den Mitteln der Dichtkunst. In seinem »Iskandar-Nameh« oder »Alexanderbuch«, seinem umfangreichsten Poem, gestaltet Nizami Geschichten und Weisheiten um die Figur des Makedonenkönigs, den der islamische Orient dadurch für sich adaptiert hat, daß er ihn zum Halbperser machte. Wer Nizamis Ansehen verstehen möchte, muß sich klar machen, daß es heute in jeder Stadt Aserbaidschans eine Straße oder irgendeine Einrichtung gibt, die seinen Namen trägt. Und vor allem sein Geburtsort Gandscha, der früher Kirowabad – nach dem während der großen »Säuberungen« ermordeten Kommunisten Kirow – und davor Jelisawetpol hieß, ist stolz auf den mit Abstand größten Sohn der Stadt. Ähnliches gilt auch für Afzaluddin Chaqani, jenen schon erwähnten »Aserbaidschaner«, der sich vor allem in klassischer Zeit als Lyriker hervorgetan hat, das heißt in jener Dichtungsgattung, die womöglich noch höheres Prestige hatte als Nizamis Epik.

Von einer aserbaidschanischen Literatur und Dichtung im engeren Sinne läßt sich erst seit dem Wirken von Schah Ismail sprechen. Seine lyrischen Gedichte, die er unter dem Dichternamen (machlas) Hatayi in den ersten Jahren des sechzehnten Jahrhunderts schrieb, verwenden eindeutig den aserbaidschanischen Dialekt des

Türkischen, wie hauptsächlich aus dem Wortschatz zu sehen ist. Inhaltlich thematisieren sie die Sufi-Lehren, das heißt jene schiitische Mystik, welcher der Herrscher, Poet und Politiker zusammen mit seinem Orden anhing. Sein Zeitgenosse war Mehmed Fuzuli (bei den Osmanen Muhammed Ibn Süleyman genannt), der zwar niemals in Aserbaidschan gewesen ist, aber offenkundig das Aseri-Türkisch als seine Muttersprache verwendete. Neben einem arabischen und persischen hat er auch einen Diwan, eine lyrische Gedichtsammlung, in aserbaidschanischer Sprache hinterlassen, dazu ein »Gegenstück« zu Nizamis »Leila und Medschnun«. Fuzuli verbrachte sein ganzes Leben im Irak, in Bagdad und in Hilla, wo er das Hin und Her der Macht zwischen Osmanen und Safawiden am eigenen Leibe verspüren konnte. Der Irak bildete das allzeit umstrittene Grenzgebiet zwischen den beiden Reichen.

Im neunzehnten Jahrhundert gewann die aserbaidschanische Literatur mehr und mehr emanzipatorische Bedeutung. Der Einfluß der Russen machte sich bemerkbar. Die traditionellen, aus der Religion und den Sagenkreisen stammenden Themen traten in den Hintergrund, die Literatur wurde »zeitgenössischer«. Die Autoren des zwanzigsten Jahrhunderts knüpften, obwohl abhängig von der offiziellen sowjetischen Ideologie, bewußt an viele dieser Vorgänger an, etwa an Sabir, M. F. Achundow bzw. Achundzade oder Ismail Kutgaschinli. Als bedeutendste zeitgenössische Schriftsteller Aserbaidschans gelten heute Anar Rizayew und Elcin Efendiyew. Beide versuchen eine Synthese aus Alt und Neu, Islam und Moderne, die beeindruckt. Aserbaidschans Lyriker knüpfen, wie etwa Bachtiar Wahhabzade, auch an die Tradition der osttürkischen Aschyks an, jener Volksbarden, die eine populäre, mit den ewigen Rhythmen der Natur verbundene Mystik feierten. Besonders wichtig für das »Nation building« des modernen Aserbaidschans ist jedoch das große alttürkische Epos »Kitab-i Dede Korkut« oder »Buch des Korkut Ata«, das als das Nibelungenlied der Türken angesehen werden kann. Es stammt aus jener Zeit, da die Stämme der türkischen Ogusen ihre ursprünglichen Siedlungsgebiete in Zentralasien aufgaben und nach Süden und Westen wanderten – unter anderem in die Ebenen und Höhen des Kaukasus. Alle Turkvölker halten den über tausend Jahre alten Dede Korkut, der sogar Überlieferungen aus vorislamsicher Zeit enthält, in Ehren, doch die Aserbaidschaner bauen ihn heute – neben der Republik der Müsavatisten und dem Fluß des Erdöls – in die Strukturen ihrer jungen, unabhängigen Nation ein.

Der Krieg um Berg-Karabach

Wie die Unabhängigkeit Armeniens, so begann auch diejenige Aserbaidschans nicht friedlich, sondern mit Konvulsionen und ethnischem Hader. Blut und Aufruhr standen am Beginn dieses Prozesses, dessen exakter Zeitpunkt nur schwer festzumachen sein dürfte. Zwischen 1986 und 1988, als Gorbatschows Reformpolitik Dinge möglich machte, an die man nicht mehr geglaubt hatte in der Sowjetunion, regten sich auch wieder nationale, dann chauvinistische Töne. Es dürfte indes schwierig sein, den Beginn des Antagonismus zwischen Aserbaidschanern und Armeniern festzuschreiben. Im Armenien-Kapitel wurde das schon deutlich. Und die Frage nach dem Schuldigen wird – wir haben auch das bereits im Armenien-Kapitel gesehen – ohnehin von beiden Parteien völlig unterschiedlich beantwortet. In Aserbaidschan kann man jederzeit Klagen hören, der Westen sei in diesem Konflikt von Anfang an nicht unvoreingenommen gewesen, sondern habe immer, und sei es indirekt, die Armenier bevorzugt, weil sie Christen sind und weil zudem der Islam im Augenblick in der Welt so wenig Ansehen genieße. Westliche Quellen berichteten, so bekam ich schon beim ersten Besuch in Baku zu hören, immer wieder von dem Massaker von Sumgait 1988, jedoch nicht von den brutalen Übergriffen der Armenier. Wochen und Monate vorher seien Aseris vor körperlichen Mißhandlungen und Folter aus Karabach wie aus Armenien selbst geflüchtet. Zahlreiche Armenier seien in Sumgait von ihren muslimischen Nachbarn auch beschützt worden, worüber freilich niemand geredet habe.

Deutlich ist jedenfalls, daß die Geburt des neuen Aserbaidschans gleichzeitig mit der tiefsten Krise des Landes in neuerer Zeit verknüpft gewesen ist. Auch der größte Teil der innenpolitischen Unruhe war nichts anderes als eine Funktion des Karabachkrieges. Radikalismus und Chauvinismus steigerten sich in dem Maß, in dem die aserbaidschanische Seite sich von aller Welt verlassen glaubte und die militärischen Erfolge ausblieben. Bis zum Jahre 1993 blieb Baku ein Hexenkessel, in dem verschiedene Persönlichkeiten und Parteien heftig um die Macht stritten. Hinzu kamen nationalistische Übergriffe gegen Russen. Den Höhepunkt erreichte diese Entwicklung, als russische Truppen des Innenministeriums am 20. Januar 1990 in Baku einmarschierten und nach heftigen Straßenkämpfen, die nach aserbaidschanischen Angaben bis zu zweitausend Tote gefordert haben sollen, Ruhe und Ordnung in der damals noch sowjetischen Teilrepublik wiederherstellten.

Doch wir haben ein wenig vorgegriffen. In Sumgait entlud sich zweifelsohne ein Chauvinismus, der nur erschrecken machen kann. Die Aserbaidschaner vertreten die Ansicht, daß Karabach ihnen gehöre. Sie verweisen auf das mittelalterliche Khanat von Karabach (dessen Grenzen die Armenier indessen ganz anders ziehen) sowie darauf, daß das Gebiet von Berg-Karabach schon 1868 der Region und Verwaltungseinheit von Jelisawetpol angegliedert worden sei. Davor habe schon der Vertrag von Gulistan und jener von Turkmantschaj das Gebiet von Karabach »an Aserbaidschan« gegeben. Auch mit unterschiedlichen Zahlen über die demographische Veränderung arbeiten beide Seiten immer wieder. Zwar war nach der Oktoberrevolution das Gebiet den Armeniern zugesagt worden, doch es kam anders. Stalin schrieb am 4. Dezember 1920 in der Prawda: »Am 1. Dezember verzichtet Sowjet-Aserbaidschan freiwillig auf die umstrittenen Provinzen und verkündet die Übergabe Sangesurs, Nachitschewans und Berg-Karabachs an Sowjet-Armenien«. Dies wurde zu einer Zeit geschrieben, da ein mörderischer Bürgerkrieg zwischen den beiden Nationen in Berg-Karabach tobte. Als er sich beruhigt hatte, wurde die Region zum Autonomen Gebiet innerhalb der Sozialistischen Sowjetrepublik Aserbaidschan erklärt. Das war im Jahre 1923. Auf diesen legalen Akt berufen sich die Aserbaidschaner bei ihrer Weigerung, das Gebiet an Armenien abzutreten. Es ist der Standpunkt, dem auch ein großer

Teil der Regierungen zuneigt: daß man bestehende Grenzen nicht mit Gewalt verändern dürfe. Zudem betonen die Aserbaidschaner, daß gerade Berg-Karabach mit seiner Hauptstadt Schuscha die Wiege ihrer nationalen Kultur sei, Ursprung der aserbaidschanischen Musik und Dichtung. Eben dies sagen freilich umgekehrt die Armenier, die in Arzach, wie schon erklärt wurde, eines der wichtigsten Zentren ihrer nationalen Selbstbestimmung überhaupt erblicken.

Für den Außenstehenden fällt jedenfalls auf, daß beide jungen Staaten durch die Auseinandersetzung um dieses Gebiet aus der Taufe gehoben wurden. Zunächst hatte es so ausgesehen, als wären die Aserbaidschaner dabei im Vorteil, zumal ihnen auch Michail Gorbatschow noch in Wort und Tat, auf die Beschlüsse von 1923 abstellend, beipflichtete. Doch bei anfänglichen militärischen Erfolgen blieb es. Den Armeniern gelang es, zunächst bei Latschin, später dann bei Kelbecer, zwei Korridore zu erobern, die eine natürliche Landverbindung zwischen Karabach und der Republik Armenien öffneten. Als die armenischen Freischärler dann auch noch östlich von Karabach, bei den Städten Agdam und Fizuli, siegreich waren, erreichte der Machtkampf in Baku einen Höhepunkt. Heute leben so gut wie keine Aseris mehr in Karabach.

Aufgrund ihrer nationalen Geschlossenheit, die erst später Risse bekam, erreichten die Aserbaidschaner, daß Gorbatschow die kurz zuvor entsandten russischen Truppen wieder abzog. Im Dezember 1990 war ohnehin das Ende der Sowjetunion gekommen, die Russen hatten nun andere Sorgen, als den Streit zwischen Armeniern und Aserbaidschanern zu »schlichten«. Die Situation in Moskau war unübersichtlich, Rußland begann schon auf den Putschversuch der Altkommunisten hinzusteuern, der Gorbatschow fast unmittelbar das Amt, wenn nicht das Leben gekostet hätte.

Aus dem Kampf in Baku selbst innerhalb des Machtdreiecks der Präsidenten Ajas Mutalibow, Ebulfez Eltschibey und Gajdar Alijew ging schließlich letzterer als Sieger hervor. Mutalibow war mit seinen Gefolgsleuten als Präsident zunächst Eltschibey und seiner populären Volksfront unterlegen, der seinerseits 1994 wegen andauernder Erfolglosigkeit im Kampf um Karabach den Ränkespielen

Alijews und seiner Vertrauten zum Opfer fiel, ein Umsturz, der mit einem Putsch Surat Husseinows in der Provinz westlich von Baku begonnen hatte. Alijew hatte nach dem Umbruch als Regionalfürst in seinem Heimatbezirk Nachitschewan abgewartet und zugesehen, wie sich die anderen gegenseitig bekämpften. Als die Zeit günstig war und man ihn rief, kam er. Eltschibey hingegen zog sich in eben jenes Nachitschewan zurück und betreibt von dort sein politisches Comeback – einstweilen mit wenig Erfolg. Es ist ruhig geworden um ihn.

Auf der Suche nach der Zukunft

Zwar hat auch der seit 1994 amtierende Alijew in Sachen Berg-Karabach keine Wende erreichen können, aber Einsicht in die begrenzten militärischen Möglichkeiten seines Landes gezeigt. Er favorisierte deshalb die politische Lösung und tut es noch. Der Konflikt verharrt militärisch und politisch an den Frontlinien von 1993. Faktisch hat Aserbaidschan Karabach verloren und mehr als eine Million Flüchtlinge im eigenen Land zu versorgen. Alijew verstand es geschickt, die Hoffnung auf Rückgewinnung am Leben zu erhalten, indem er auf die internationale Gemeinschaft verwies. Unterstützt von der Organisation für Sicherheit und Zusammenarbeit (OSZE) und den Vereinten Nationen, will er den Konflikt lösen, ohne Öl ins Feuer zu gießen. Es sieht so aus, als könne Alijew sein Volk, in dem die Aserbaidschaner jetzt schon etwa achtzig Prozent ausmachen (der Rest verteilt sich auf andere ostkaukasische Ethnien sowie wenige Prozent Russen und einige Kurden, Armenier gibt es so gut wie keine mehr), beruhigen. Doch ist er sechsundsiebzig Jahre alt. Es ist nicht ausgeschlossen, daß nach Alijews Tod all jene wieder um die Macht kämpfen werden, die von ihm erfolgreich verdrängt worden waren. Dies könnte neue Gewalt zum Ausbruch bringen, denn die demokratischen Mechanismen sind schwach entwickelt in Aserbaidschan.

Schon Mitte der neunziger Jahre war in Baku die fiebrige Stimmung eines bevorstehenden Ölbooms zu spüren. 1994 hatte eine internationale Energie- und Erdöl-Messe dort stattgefunden, bei der insbesondere Amerikaner und Engländer hervorgetreten waren. Von den Deutschen, die man gerne im Lande hätte, war wenig zu sehen. Tatsächlich setzt Aserbaidschan auf das Erdöl und das nicht minder wichtige Erdgas seine ganze Hoffnung. Man glaubt an eine glänzende Zukunft. Durch jene Pipeline, die iranisches und russisches Territorium meiden und über Georgien und die Türkei nach Ceyhan am Mittelmeer führen wird, hofft man, das eigene Öl und das aus dem benachbarten Mittelasien, aus Turkmenistan, Usbekistan und Kasachstan, nach Westen transportieren zu können und reich zu werden. Das ist noch weitgehend Zukunftsmusik, wenn auch nicht ohne Realismus. In Kasachstan, im Gebiet von Tengiz, aber auch am Ostufer des Kaspischen Meeres vor der Küste der Halbinsel Mangyschlak sind gigantische Offshore-Erdölvorräte prospektiert worden. Es fällt auf, daß die noch aus sowjetischer Zeit stammenden Anlagen zur Erdölförderung in einem miserablen Zustand sind, während die westlichen Firmen und das aserbaidschanisch-internationale Konsortium AICO über modernstes Industriegerät verfügen. Man hofft, daß im Wettbewerb der amerikanischen und englischen Ölfirmen auch Aserbaidschan einen gerechten Anteil an den Einnahmen erhalten werde. Falls es jedoch zu neuen Wirren kommen sollte, wären alle Hoffnungen auf eine neue wirtschaftliche Blüte nichtig. Man wird sehen müssen, was geschieht, wenn die Männer mit »sowjetischer Erfahrung« einmal abtreten.

KAPITEL 5

Die kleinen Republiken des Nordens

Bomben auf Tscherkessk

Ende Mai 1999. Auf die Stadt Tscherkessk im Nordwesten der Kaukasusregion gehen russische Bomben nieder. Die Menschen suchen Schutz in den Häusern, um dem Hagel von Geschossen, der da unvermutet auf sie herniederprasselt, zu entgehen. Es ist ein kurzer Schock, eine steile Welle der Gewalt, die dann ebenso rasch wieder abebbt. Zuvor hatten sich Bewohner von Tscherkessk, der Gebietshauptstadt von Karatschai-Tscherkessien, befehdet. Der Anlaß war die Wahl eines Präsidenten für dieses kleine, am Nordrand der Kaukasusberge gelegene Gebiet gewesen. Mit seinem kurzen, aber heftigen Bombardement wollte Moskau die Ordnung wieder herstellen und den Frieden zurückbringen. Während der Wahlen hatten sich beide Kandidaten um das Präsidentenamt, unterstützt von ihren Anhängern und begleitet von entsprechenden Demonstrationszügen, beschimpft und den jeweils anderen des offenen Stimmenkaufs und anderer massiver Wahlfälschungen bezichtigt. Beide Kandidaten glaubten, daß sie um den sicheren Sieg betrogen worden waren.

Der ehemalige Armeekommandant Wladimir Semjonow wird von den Karatschaiern unterstützt, der offenbar im zweiten Wahlgang bei der Stichwahl Mitte Mai unterlegene Kandidat Stanislaw Derew, bisher Bürgermeister der Gebietshauptstadt, von den Tscherkessen und auch vielen Russen. Bombenanschläge und viele andere schwere Übergriffe hatten den Wahlkampf im Frühjahr begleitet. Russische Truppen mußten sogar die Wahllokale sichern.

Dieser Vorfall, so kurz und von der Weltpresse weitgehend unbeachtet er auch gewesen war, kann als typisch für die Situation in großen Teilen des nördlichen Kaukasus, Tschetschenien ausgenommen, gelten. Kein direkter Aufstand, erst recht kein Krieg, dafür aber eine fiebrige Unruhe kennzeichnen ein politisches Klima. Man vermeint, kurz vor einer Explosion zu stehen. Die beiden Präsidentschaftskandidaten in Karatschai-Tscherkessien konnten ihren Hader noch einmal beilegen, doch die Situation bleibt auch dort gespannt. Nach dem Zerfall der Sowjetunion ist eine Grauzone entstanden, die nicht Anarchie zu sein scheint, aber doch auch nicht mehr der alten Ordnung und ihren Strukturen entspricht. Nicht zu vergessen natürlich der Tschetschenienkrieg, dessen Auswirkungen, von der Ökonomie bis zur Psychologie, selbstverständlich auch unter den kleinen Völkern und Ethnien Kaukasiens zu spüren sind. Kann der Kaukasus eines Tages ganz und gar explodieren?

Die kleinen nordkaukasischen Republiken mit ihren Titularnationen gehören gleichfalls zu jenen territorialen Eroberungen und Erwerbungen, welche die russischen Zaren in den vergangenen zwei Jahrhunderten machen zu müssen glaubten und die Kommunisten meistens als Autonome Regionen oder Sozialistische Sowjetrepubliken fest in die Sowjetunion eingliederten.

In der winzigen Kaukasus-Republik von Karatschai-Tscherkessien, das im Osten an Kabardino-Balkarien und im Süden an Abchasien angrenzt, leben ungefähr 450 000 Menschen, fast die Hälfte von ihnen sind Russen und Kosaken. Benannt ist sie jedoch nach den muslimischen Völkern der Karatschaier, die etwa dreißig Prozent der Gesamtbevölkerung stellen, und den Tscherkessen, die noch ungefähr zehn Prozent ausmachen, in absoluten Zahlen allerhöchstens 50 000 Menschen. Die Karatschaier sprechen eine westtürkische, der kiptschakischen Gruppe dieser Sprachen angehörende Sprache, während das Tscherkessische zu den autochthonen Sprachen des Kaukasus gehört, und zwar zu deren nördlicher Gruppe. Eine weitere Minderheit bilden die Abasinen, etwa 30 000, ein ursprünglich wohl christliches Volk mit ebenfalls eigenständigem kaukasischem Idiom, das allerdings unter dem übermächtigen Einfluß der in seiner Nachbarschaft lebenden Muslim-Völker auch den Islam annahm – vor ungefähr zweihundert Jahren. Alle drei Völker sind sunnitische Muslime und folgen, wie die Türken, der nach dem mittelalterlichen Gelehrten Abu Hanifa genannten hanafitischen Rechtsschule des Islams. Die Hanafija ist eine der vier als orthodox anerkannten Auslegungen des Gesetzes (madhahib) und gilt im allgemeinen als recht liberal.

Die Geschichte der Tscherkessen rührt auch an tief tragische Vorkommnisse, weckt in ihnen kollektive Erinnerungen an Gewalt, Vertreibung und Flucht. Diese Traumatisierung paßt gar nicht zu dem sozusagen »romantischen« Image, das sie im Westen haben. Viel zahlreicher waren die Tscherkessen in dieser Region, zu der bis zu einer Neuaufteilung im Jahre 1992 auch das Gebiet von Stawropol gehörte, in früheren Zeiten. In westlichen Quellen erscheinen sie, die sich selbst als Adyger bezeichnen, oft als »Cirkassier«, ihr Land als »Cirkassien«. Anders als die Karatschaier flüchteten die Tscherkessen schon im neunzehnten Jahrhundert in Scharen aus ihren Siedlungsgebieten vor dem Zugriff des Zaren. Im Grunde begann ihre Absetzbewegung schon Ende des achtzehnten Jahrhunderts, als das Khanat der Krimtataren von den Russen aufgelöst wurde. Die Tscherkessen fürchteten – mit Recht, wie sich herausstellen sollte –, daß die Russen ihr Gebiet bald okkupieren würden. So zogen sie in das nahegelegene Osmanische Reich oder in andere Gegenden des Nahen Ostens. Noch heute gibt es in der Türkischen Republik Dörfer, deren Bevölkerung weitgehend aus Nachkommen geflohener Tscherkessen besteht. In osmanischer Zeit ließen sie sich häufig auch in der Dobrudscha (heute Rumänien) nieder, oder sie zogen weiter nach Süden, in jene Provinzen des Reiches, die man damals pauschal als Syrien bezeichnete. Die heutige jordanische Hauptstadt Amman war noch vor dem Ersten Weltkrieg ein verschlafenes Tscherkessendorf inmitten römischer Überreste, von nur wenigen tausend Menschen bewohnt. Bis heute bilden Tscherkessen in ihren malerischen kaukasischen Uniformen und der Tscherkessen-Mütze auf dem Kopf, die ihre kaukasische Herkunft verraten, einen Teil der Leibwache der Könige von Jordanien. Selbst unter den Palästinensern gibt es heutzutage Familien, die zwar Arabisch sprechen und sich in das Gefüge ihrer Gast-Gesellschaft gut eingepaßt haben, in Wirklichkeit aber von tscherkessischen Emigranten abstammen. In alten Zeiten galten tscherkessische Frauen, die häufig blond und blauäugig waren, als begehrte

Gabe für die Harems der Türken, besonders für den Sultanshof in Konstantinopel.

Die Karatschaier sind mit den Tscherkessen einzig durch die gemeinsame Religion verbunden, ansonsten sind sie von ihnen ganz verschieden. Als im Zweiten Weltkrieg die deutschen Truppen immer näher kamen, machten sie aus ihrer Sympathie für sie kein Hehl. Wie so viele im damaligen Sowjetreich erhofften sie sich eine Befreiung vom stalinistischen Joch, nicht ahnend, daß sie lediglich von einer Unfreiheit in die nächste geraten wären. Wie andere Völker ihres Gebietes, beispielsweise die Tataren, wurden sie zwischen 1943 und 1944 von Stalin vorübergehend nach Mittelasien deportiert. Dabei mußten sie einen hohen Blutzoll entrichten, denn diese Deportationen waren mit Hunger und Krankheit verbunden. In den fünfziger Jahren, das heißt zur Zeit des beginnenden »Tauwetters« in der Sowjetunion, durften sie in ihre Heimat zurückkehren. Die Tataren hingegen mußten noch fast vierzig Jahre warten.

Der von den meisten Tscherkessen unterstützte Präsidentschaftskandidat Derew, der sein Vermögen mit dem Verkauf von Mineralwasser und Wodka erworben hatte, machte sich während seines Wahlkampfes eine populäre Forderung zu eigen: Er verlangte die Abtrennung der tscherkessischen Gebiete, das heißt vor allem des Nordens um die Gebietshauptstadt Tscherkessk, und ihre Zusammenlegung mit der Region Stawropol, zu der sie früher tatsächlich gehört hatten. Viele Russen scheinen damals diese Forderung unterstützt zu haben. Sein Gegner Semjonow hingegen lehnte sie umgehend ab. Dieser Kandidat, halb Karatschaier, halb Russe, war offenbar für die Mehrzahl der Tscherkessen nicht annehmbar. Die Tscherkessen und auch viele Russen beschuldigen die Karatschaier, sich in ihren traditionellen Siedlungsgebieten breit zu machen und sie zu majorisieren, was wohl auch mit der Abtrennung tscherkessischer Wohngebiete von der Region Stawropol zusammenhängt. Bisher hatte stets Moskau die Präsidenten dieser kleinen Republik ernannt, der umstrittene Urnengang war somit die erste eigenständige »Präsidentenwahl« gewesen – und schon brach Streit aus. Bis zu diesem Tag hatte der Karatschaier Chubijew die Republik als Statthalter zunächst Gorbatschows, dann Jelzins verwaltet. Auch ihm warfen die Tscherkessen vor, er habe in den zwei Jahrzehnten seiner Regentschaft seine eigene Volksgruppe bevorzugt.

Am Ende dieser Episode mußte Moskau als Schlichter eingeschaltet werden und schaffte es gerade noch einmal, die Gemüter zu besänftigen. Doch für alle Zukunft sagt das nichts aus. Die Stimmung ist anscheinend so aufgeheizt zwischen diesen kleinen Völkern, daß bewaffnete Auseinandersetzungen jederzeit wieder ausbrechen können. Das Ganze ist ein kleiner Prüfstein für die russische Minderheitenpolitik, die im Falle Tschetscheniens gänzlich scheiterte. Dabei hat Moskau Glück, daß in der Karatschaisch-Tscherkessischen Republik von einer Abtrennung von der Russischen Föderation nicht gesprochen wird.

Die Große Kabardei

Manche mögen den Landstrich mit der Großen Kabylei verwechseln, doch mit ihr hat die Große Kabardei nur insofern zu tun, als sie – das Siedlungsgebiet der Kabardiner und der Balkaren – zum größten Teil aus Bergland besteht. Das ist alles. Doch die Verwechslung spricht für sich: Denn über diese östlichen Nachbarn von Tscherkessen und Karatschaiern weiß man nur wenig. Während die Kabardiner, ungefähr 395 000 Menschen stark, zu den alteingesessenen, autochthonen Bewohnern der Kaukasuskette gehören, liegt die Herkunft der etwa 85 000 Balkaren, die sich selbst »Malkar« oder »Tavlu« (Bergbewohner) nennen, ziemlich im Dunkeln. Sie sprechen Türkisch und sind auch spätestens seit dem achtzehnten Jahrhundert Muslime. In georgischen Quellen tauchen sie freilich schon früher auf, wohl im vierzehnten Jahrhundert, so daß man fragen muß, wann und woher sie in die Region eingewandert sind – etwa aus der Türkei? Sie sind jedenfalls Anhänger der hanafitischen Rechtsschule, was allerdings nicht immer nur auf türkischen Einfluß schließen läßt. Vielleicht sind sie, teilweise als Nachkommen des Reitervolkes der Alanen, auch durch die Nogaier der nordkaukasischen Steppen oder durch die zeitweise mächtigen Krimtataren islamisiert worden. Wie die Tscherkessen und die Karatschaier sorgten beide Völker lange Zeit mit dafür, daß das Schwarze Meer ein türkisch-muslimisches Binnenmeer war, bis die Russen in die Offensive gingen.

Die Kabardiner, ursprünglich tscherkessischer Herkunft, gerieten immerhin schon im Jahre 1774 unter die russische Herrschaft, als man die Stadt Wladikawkas zur Erschließung und Eroberung Kaukasiens gründete. Im sechzehnten Jahrhundert waren sie zu Vasallen der Krimtataren geworden, die sie jedoch vor dem Ansturm der Russen nicht mehr schützen konnten und 1783 selbst deren Untertanen wurden. Die Kabardiner waren spätestens im sechsten nachchristlichen Jahrhundert in der Region Kabarda anzutreffen. Zusammen mit den Balkaren wurden sie 1944 von Stalin deportiert. Vor allem die Erinnerung an diese brutalen Zwangsmaßnahmen, die praktisch alle größeren Völkerschaften der Region traf, ist ein wichtiges Element in dem Bestreben dieser Ethnien, selbst Herren im eigenen Land zu sein. Das Kabardinische ist eine kaukasische Sprache der nordöstlichen Gruppe.

Ansonsten gleichen die Verhältnisse in der Kabardino-Balkarischen Republik mit ihrer Hauptstadt Naltschik, die sich 1991 für souverän erklärte, jenen in Tscherkessien, sowohl was die Größe angeht (knapp 13 000 Quadratkilometer), als auch in Bezug auf die Rivalität der beiden Titularvölker, die ebenfalls eine russische Minderheit unter sich haben. Mit der Unterzeichnung des Föderationsvertrages im März 1992 wurde die Kabardino-Balkarische Republik anerkannt. Das kleine territoriale Gebilde befindet sich in großer Nähe zu den nordkaukasischen Brandherden, Tschetschenien vor allem, aber auch Ossetien, so daß seine Bewohner sich vor einem zu großen Ansturm von Flüchtlingen sorgen. Der könnte noch anschwellen, wenn die Konflikte in der Region nicht bald beigelegt werden.

Ossetien – Land der Wehrtürme

In Lermontows Roman »Ein Held unserer Zeit« wird Petschorin am Beginn der Handlung von einer Gestalt begleitet, die genau so ist, wie die Leser den Kaukasier haben wollten. Es ist ein Ossete – wild und feurig, das Gesetz nur in sich und seinem Willen tragend, tapfer und anarchisch. Im Verlauf der Handlung verstärken sich all jene Merkmale bei dem Kaukasier. Es ist verständlich, daß der russische Dichter den Osseten so zeichnet. Noch heute sieht man in Ossetien zahlreiche Wehrtürme über die Landschaft verstreut, die an frühere, in der Tat wildere Zeiten erinnern. Der Ruf der Tapferkeit, Kühnheit und Wehrhaftigkeit ging den Osseten immer voraus. Die Osseten standen ursprünglich wohl jenen Reitervölkern der Region nahe, die dem iranisch-indoeuropäischen Kulturkreis zugehörten, den Skythen, Sarmaten und Alanen. Der typisch ossetische Brauch, Totenhäuser zu errichten, wird von manchen Forschern als ein historischer Nachhall ihrer Zugehörigkeit zur iranischen Kultur interpretiert, denn die Parsen und Zarathustrier in Iran und in Indien kennen die Sitte der steinernen Totentürme, der »Türme des Schweigens«, bis heute. Ursprünglich siedelten die Osseten wohl viel weiter im Norden, doch wurden sie unter dem Druck der Chasaren, danach der Mongolen, die ihr Reich zerstörten, in den Kaukasus abgedrängt. Dort geriet ein Teil von ihnen stärker unter georgischen Einfluß, während andere von den Kabardinern dominiert wurden. Religiös sind die Osseten ebenfalls sehr verschieden. Christentum und Islam teilen sich dieses Volk, das freilich auch noch von alten Traditionen weiß, die mit diesen beiden Hochreligionen nichts zu tun haben. Der Anteil der Christen dürfte jedoch entschieden höher liegen als der der Muslime.

Schon sehr früh, etwa im Jahre 1767, kamen die Osseten mit den Russen in Berührung, die in ihrem Siedlungsgebiet die Stadt Wladikawkas als Ausgangspunkt für die Georgische Heerstraße und damit für den Beginn der Erschließung und Eroberung Kaukasiens gründeten. Ein Teil der Osseten unterwarf sich den Russen freiwillig, während andere bis weit in das folgende Jahrhundert hinein dem kaukasischen Widerstand angehörten. Nach der Oktoberrevolution wurde Ossetien im Norden 1924 zunächst zum Autonomen Gebiet, im Jahre 1936 dann zur Autonomen Republik erklärt. Südossetien schlug man im Jahre 1922 der Georgischen Republik zu. Auch bei den Osseten wiederholte sich der uns nun schon hinlänglich bekannte Terror Stalins, als er im Zweiten Weltkrieg auch einen

Teil dieses Volkes deportieren ließ. Erst Ende der fünfziger Jahre konnten die Osseten zurückkehren. Es unterliegt keinem Zweifel, daß im kollektiven Gedächtnis der Osseten diese Tragödie ebenso wenig vergessen ist wie bei den anderen kaukasischen Völkern, denen diese Strafmaßnahme zuteil wurde.

Heute sind die Osseten, deren Zahl auf etwa 600 000 Menschen geschätzt wird, ein geteiltes Volk in einem geteilten Land. Ihr größerer Teil lebt innerhalb der Russischen Föderation in der Nordossetischen Republik mit ihrer Hauptstadt Wladikawkas, der kleinere in der zu Georgien gehörenden ossetischen autonomen Region, die im Süden daran angrenzt. Hauptstadt von Südossetien ist Zchinwali. Es war mehr als Zufall, daß gerade zu jenem Zeitpunkt, da auch die Abchasen ihre gewaltsame Sezession von Georgien betrieben, auch die Osseten losschlugen. Schon 1990 hatte die Regierung in Tbilissi nämlich den autonomen Status Südossetiens aufgehoben. Dieser nationalistische Akt Georgiens war sicher einer der Gründe, die die Osseten auf die Barrikaden trieben. Bis jetzt ist das ossetische Problem für Georgien ebenso ungelöst wie das abchasische, zumal auch die Russen von Beginn an mit beiden Konflikten spielten, um den Georgiern und ihrem Drang nach Unabhänigkeit zu schaden. Noch heute hat die georgische Zentralgewalt in Zchinwali offenbar wenig Einfluß, regeln die Osseten dort ihre Belange weitgehend selbst.

Tschetschenen und Inguschen

Durch die beiden letzten Kriege sind vor allem die Tschetschenen, ein Volk, von dem die meisten außerhalb der Sowjetunion noch Ende der achtziger Jahre wohl nicht einmal den Namen kannten, in den Mittelpunkt des Interesses der Weltöffentlichkeit getreten. Dabei erreichten sie im Weltmaßstab einen Grad der Beachtung, der bei diesem Volk von nur etwa einer Million Menschen ohne den Krieg tatsächlich schwer vorstellbar wäre. Im nördlichen Kaukasus freilich sind sie die stärkste Nation und – wie ein auch unter Russen kolportierter Merksatz lautet – »die stärksten Muslime« des

Kaukasus. Ihr Versuch, eine funktionierende unabhängige Republik aufzubauen, kann fürs erste als gescheitert gelten, nicht allein wegen der russischen Aggression, sondern auch wegen eigener Fehler, Versäumnisse und vor allem wegen einer engen Verquickung von Politik und kriminellen Machenschaften. Diese freilich sind die übelste Begleiterscheinung eines Transformationsprozesses, den auch andere ehemalige Sowjetrepubliken und besonders Rußland selbst in diesen Jahren durchleben.

Die Tschetschenen, ein uraltes Kaukasusvolk, das zwischen den Osseten und den Kumüken Dagestans siedelt, nennen sich selbst in ihrer eigenen Sprache »Nachtschoi«. Das heißt nichts anderes als »Menschen«. »Wie die Tscherkessen brachten die Tschetschenen keine Geschichtsschreibung hervor. Deshalb kann ihre Vergangenheit bis zum Einsetzen russischer Berichte im neunzehnten Jahrhundert kaum aus den vorhandenen fragmentarischen Nachrichten rekonstruiert werden«, schreibt Emanuel Sarkisyanz, der größte Kenner der orientalischen Völker Rußlands bis zum Jahre 1917. Die Tschetschenen bewahrten archaische Kulturelemente reiner als die Stämme Dagestans. Dazu trug offenbar bei, daß ihre Region von den wichtigsten Handelsrouten der pontischen und kaspischen Region recht isoliert war. Wie die benachbarten Osseten kannten sie den Brauch, ihre Toten in Totenhäusern zu bestatten, die sich bisweilen zu ganzen Totenstädten fügten. Zoroastrische Vorbilder sieht auch Sarkisyanz in diesem Begräbnis-Stil wirksam. Im frühen und hohen Mittelalter gerieten die Tschetschenen unter den Einfluß des gerade blühenden georgischen Reiches und wurden auch vom Christentum berührt. Nach dem Mongolensturm herrschten die Schamchal-Fürsten von Dagestan, die Awaren und Kumüken über die Tschetschnja. Im achtzehnten Jahrhundert begannen die Tschetschenen andere Gebiete zu besiedeln. Keimzelle dieser Auswanderung war jene Region am Terek, die man Itschkeria nannte. Tschetschenen dominierten teilweise bis in die Große Kabardei. Just zu diesem Zeitpunkt erwuchs den erst im siebzehnten Jahrhundert von Dagestan aus islamisierten Tschetschenen jener Gegner, dem sie am Ende erliegen sollten: Rußland.

Blutrache und Gastfreundschaft – dies sind, neben der Gliederung in Familienverbände, die wichtigsten Merkmale der tschetschenischen Gesellschaft. Die Familienverbände werden nach dem jeweiligen Herkunftsort ihrer Mitglieder genannt, etwa die Itschkerier, Mitschiker, Nazraner, Kara Bulak und so weiter. Die Itschkerier sollten zu den fanatischsten Anhängern und Kämpfern von Imam Schamil werden. Und von ihnen leitete sich auch die moderne Bezeichnung einer islamischen »Republik Itschkeria« ab, welche die Tschetschenen in den neunziger Jahren ihrem Land gegeben haben. Die Familien- und Geschlechtergemeinschaften, angeführt von einem Ältesten, bezogen sich hingegen auf deren jeweilige Ahnen. Unter dem Schleier des Islams hat sich bei vielen Völkern des Kaukasus auch ein Kult der Ahnenverehrung gehalten, der seine Ursprünge in vorislamischen Epochen der Geschichte hat. Die im Westen als barbarisch erscheinende Unsitte der Blutrache führte dazu, wie Sarkisyanz schreibt, daß »ganze Bezirke verwüstet wurden« und ganze Dörfer abwanderten. Einzig das Gastrecht war, wie bei den arabischen Beduinen, so heilig, daß es selbst dem Todfeind gewährt werden mußte, sofern er unter dem Dach eines Bluträchers weilte. Vor diesem Hintergrund wird auch klar, daß der Versuch Schamils, im neunzehnten Jahrhundert die islamische Scharia unter den Tschetschenen endgültig durchzusetzen, eine zivilisatorische Maßnahme gewesen ist, begrenzt doch das religiöse Gesetz des Islams die Blutrache auf jeweils einen Tötungsfall oder gar die Zahlung eines Blutgeldes, nach welcher der Fall als juristisch erledigt gilt.

In sowjetischer Zeit – auf den bewaffneten Widerstand zur Zarenzeit, den sie an der Seite der Dagestaner leisteten, gehe ich weiter unten ein – hatten die Tschetschenen als das zahlenmäßig größte der Bergvölker des Kaukasus auch besonders stark unter den Deportationen zu leiden, denen sie unter Stalin ausgesetzt waren. Auch sie durften erst in der Ära Nikita Chruschtschows, das heißt nach dem XX. Parteitag 1956, der das »Tauwetter« ankündigte, in die Berge und Ebenen der Tschetschnja zurückkehren. Stalin, der selbst Kaukasier war, kannte die Verhältnisse dort und witterte Grund zum Verrat. Daßelbe Schicksal widerfuhr den Inguschen, die im Grunde Tschetschenen sind, sich aber von ihren mächtigeren Brüdern im Laufe des neunzehnten Jahrhunderts gelöst haben. Etwa 100 000 von ihnen leben im heutigen, an Tschetschenien angrenzenden Inguschetien und haben auch eine eigene Hauptstadt: Nazran. Die übrigen etwa 60 000 Inguschen sind Bewohner Tschetscheniens. In ihrer eigenen Sprache nennen sich die Inguschen Galgai. Im Juli 1924 wurde ein Autonomes Gebiet für die Inguschen festgelegt, das man zehn Jahre später mit Tschetschenien zusammenlegte und 1936 zur Autonomen Republik machte. Auch die Inguschen bekennen sich zum Islam, den sie allerdings teilweise recht spät angenommen haben, die letzten um die Mitte des neunzehnten Jahrhunderts.

Heute ist die Lage in Inguschetien mit dem Wort »verzweifelt« noch verharmlosend umschrieben. Denn nicht nur die wirtschaftliche Situation ist im gesamten nördlichen Kaukasus verheerend, es sind nach der Zerstörung von Grosnyj besonders die Flüchtlingsströme, die eine zusätzliche Belastung ausmachen. Inguschetien, ein Gebiet, nicht viel größer als Liechtenstein, muß 200 000 Flüchtlinge aus Tschetschenien verkraften. Die Hauptmasse dieser Unglücklichen kommt aus Grosnyj und seiner zerstörten Umgebung. Die Inguschen machen kein Hehl daraus, daß sie zwischen Pflicht und Neigung hin- und hergerissen sind. »Es sind unsere Brüder, wir müssen sie aufnehmen und ihnen helfen«, heißt es einerseits; doch andererseits sagt man auch: »Wir haben selbst nicht genug. Wie sollen wir da wirksam helfen können?«

In Inguschetien hat die Bevölkerung vom Krieg einstweilen genug. Nicht nur die Verhältnisse in Tschetschenien lassen sie erschrecken, auch die Lage in Dagestan ist alles andere als beruhigend, obschon diese Republik noch gar keinen Krieg oder Bürgerkrieg erlebt hat. Die Hauptstadt Machatschkala hat durch den Tschetschenienkrieg in den letzten Jahren einen Niedergang erlebt, da viel weniger Schiffe diesen Hafen am Westufer des Kaspischen Meeres anlaufen als in früheren Tagen.

Der dagestanische Völkerkosmos

Dagestaner als Volk gibt es nicht. Die Bewohner dieser östlichsten und größten Republik am Ostrand der Kaukasusregion setzen sich aus dreißig bis vierzig Ethnien zusammen, ohne daß eine von ihnen eine bestimmende Rolle als eindeutige Mehrheitsnation in diesem Völkerkosmos spielte. Dennoch gibt es eine Art Identität in dem Land, das sich dem Betrachter von außen zunächst als ein Flickenteppich von Völkerschaften darbietet. »Dagh« lautet das türkische Wort für »Berg«, und das Suffix »estan« oder »istan« meint in der persischen Sprache einen »bewohnten Ort«. Dagestan ist also ein bewohntes Bergland, die Dagestaner sind nichts anderes als Bergbewohner. Das stimmt übrigens nicht ganz, da zu Dagestan auch die westlichen Strände des Kaspischen Meeres gehören. Die Hauptstadt Machatschkala, deren Erscheinungsbild ihrem romantisch klingenden Namen auf das heftigste widerspricht, liegt nicht in den Bergen, sondern am Ufer der Kaspisee, des größten Binnensees der Welt, dessen Wasserspiegel gegenwärtig wieder ansteigt.

Was nun die Identität der Dagestaner stiftet, sieht man heutzutage in manchen ihrer Dörfer. Unübersehbar groß zieren nämlich Plakate und Transparente mit dem Konterfei Schamils die dagestanischen Auls, denn nicht umsonst erhielt er ja den Beinamen »Löwe von Dagestan«. Schamil ist die wirkliche Integrationsfigur in den Hochtälern des Landes. Mag sein Name in unserer Zeit auch vornehmlich mit den Kriegen in Tschetschenien assoziiert werden, so bleibt doch richtig, daß der große muslimische Held des Kaukasus ursprünglich aus Dagestan stammte. Es ist übrigens immer das gleiche Bild, das man sieht: Es zeigt den berühmten Awaren nicht im Alter, mit schlohweißem Bart – solche Darstellungen gibt es auch –, sondern in seinen mittleren Jahren, stolz, aber auch ein wenig grimmig dreinblickend, mit der eindrucksvollen Kopfbedeckung des Muriden-Führers auf dem Haupt. Der dunkle Bart (man sieht ihn heute ebenso bei Bassajew, Radujew und den anderen tschetschenischen Kämpfern) umrahmt ein blasses, vom Leben und vielen Schlachten und Scharmützeln schon schwer gezeichnetes Gesicht. Auf den großformatigen Bildern ist die rechte Hand auf einen Säbel gestützt.

Doch wollen wir unser Porträt des Landes und seiner so bunten Einwohnerschaft fortsetzen. Wie in einem Kaleidoskop spiegeln sich urtümlich kaukasische und später zugewanderte türkische oder zur türkischen Sprache übergegangene Völker in der ethnischen Landschaft Dagestans wider. Dabei hat die relative Abgeschlossenheit der Bergregionen bewirkt, daß auch Völkerschaften von nur geringer Anzahl über viele Generationen hinweg in isolierten Hochtälern überleben konnten.

Wenn es in Dagestan überhaupt so etwas wie ein dominierendes Volk gibt, dann sind es wohl die Awaren, welche sich selbst Maarulal nennen, die mit mehr als 600 000 Seelen wohl auch die zahlenmäßig größte Ethnie des Landes stellen. Da Schamil ein Aware war, kommt ihnen schon deshalb große Bedeutung zu. Man muß dabei jedoch bedenken, daß »Aware« häufig ein Oberbegriff für viele kleinere Gruppen ist, die sich diesem Volk zugehörig fühlen, so für die Andi, Botlich, Chunsal, Tschamalal, Tindi und andere. Die Awaren sind seit dem elften Jahrhundert Muslime. Die arabischen Eroberer brachten ihnen ihre Religion. Im dreizehnten Jahrhundert wurden sie Vasallen der Goldenen Horde, nach deren Ende herrschten awarische Fürsten von dem Aul von Chunsach aus über den zentralen Kaukasus. Nach der endgültigen Niederlage im Freiheitskampf wurde ihr Gebiet 1864 in das Russische Reich eingegliedert. Im Jahre 1921 wurde es unter den Bolschewiken zusammen mit den Territorien der übrigen Völker Dagestans zur Dagestanischen Autonomen Sozialistischen Sowjetrepublik zusammengelegt.

Das größte turksprachige Volk Dagestans sind die Kumüken (Qumüq). In der ungefähr 50 000 Quadratkilometer großen Teilrepublik der Russischen Föderation, die mit dieser Fläche erheblich kleiner ist als Bayern, lebt der Löwenanteil dieses Volkes (die übrigen in Aserbaidschan und Tschetschenien). Ihre Anzahl dürfte sich auf etwa 300 000 Menschen belaufen. Die Kumüken, ein Mischvolk aus kaukasischen und zugewanderten türkischen Stämmen, hängen seit dem elften Jahrhundert dem Islam an, gehören somit zu den ältesten Bekennern dieser Religion im Kaukasus. Unter den Herrschern der Schamchal-Dynastie schwangen sie sich im fünfzehnten und sechzehnten Jahrhundert zur Vormacht in der Region auf und rivalisierten erfolgreich mit den Schirwan Schahs von Aserbaidschan. Im Zuge der russischen Eroberungen wurden sie in den ersten Jahrzehnten des neunzehnten Jahrhunderts Untertanen des Zaren.

Deutlich zahlreicher als die Kumüken sind die muslimischen Lesgier, ein altes Kaukasus-Volk, das auch – nach einem gewißen Widerstreben und einer Periode christlichen Einflußes – zu fast hundert Prozent islamisiert wurde. Nur knapp die Hälfte der über 470 000 Lesgier lebt in Dagestan, der Rest gehört zu den Minderheiten Aserbaidschans. Es wiederholen sich die Schicksale der Völker, denn auch die Lesgier waren zunächst Armeniern und Georgiern, dann den Mongolen ausgesetzt. Später wetteiferten Osmanen und Perser um die Macht in Dagestan, bevor die Russen 1812 die Berge des nordöstlichen Kaukasus kontrollierten. Das Lesgische ist eine kaukasische Sprache, die seit dem späten 19. Jahrhundert auch als Literatursprache gelten kann.

Die Darginen sind das vierte der »großen« Völker in Dagestan. Rudolf A. Mark, ein Kenner der Völker Rußlands, gibt ihre Zahl mit 365 000 an. Der Löwenanteil von ihnen lebt in Dagestan, eine Minderheit im südlichen Nachbarland Aserbaidschan. Die Darginen nahmen schon im achten nachchristlichen Jahrhundert den Islam an. Im Mittelalter wurden sie eine Zeitlang von den mit ihnen verwandten Kaitaken beherrscht, deren Volkstum freilich später in dem der Darginen aufging. Die Darginen sprechen nicht Türkisch, sondern eine eigene, der nordostkaukasischen Gruppe angehörende Sprache, die auch mit der Sprache der Laken verwandt ist. Diese, etwa 100 000 Menschen zählend, sind die engsten Verwandten der Darginen. Das bis in das siebzehnte Jahrhundert hinein mächtige »Schamchalat«, das heißt die Herrschaft der Dynastie der Schamchal, konnte den Laken für einige Zeit eine gewiße Superiorität über die turksprachigen Völker Dagestans, vor allem die Kumüken, aber auch die Aserbaidschaner und Tataren, sichern, die jedoch mit dem Zerfall der Schamchal-Dynastie erlosch. Auch die Laken sind sunnitische Muslime. Seit den dreißiger Jahren wird auch das Lakische in kyrillischen Buchstaben geschrieben.

Neben diesen Hauptvölkerschaften gibt es in Dagestan noch

wenigstens dreißig andere Völker/Ethnien, über deren zahlenmäßige, demographische Entwicklung noch weniger zuverlässige Informationen vorliegen. Zu diesen Kleinvölkern oder Splittergruppen gehören: Tschetschenen, Inguschen, Tabasaranen, Rutulen, Agulen, Zachuren, Andi, Nogaier, Tats, Perser und andere. Noch in den siebziger Jahren wurde die Anzahl der Juden mit über 20 000 (1,2 Prozent der Gesamtbevölkerung von 1,9 Millionen) angegeben. Die Zahl der Russen, vor der Wende mehr als elf Prozent, dürfte in den neunziger Jahren kontinuierlich zurückgegangen sein.

Angesichts dieser ethnischen und sprachlichen Zersplitterung des kleinen Ländchens ist der Islam die große kulturelle wie politische Klammer. Bis 1991 herrschten in Machatschkala kommunistische Dogmatiker, erst nach einer Welle von nationalistischen Demonstrationen und auch religiösen Bekundungen wechselte die Führung. Wie stark der Islam als identitätsstiftende Lehre wirkt, zeigt die Tatsache, daß sich auf dem Höhepunkt der Golfkrise um Saddam Hussein und die Besetzung Kuweits in Dagestan mehr als 40 000 Freiwillige meldeten, die bereit gewesen wären, in den Krieg zu ziehen. Dagestan ist eben ein altes islamisches Kulturland, in dem die Religion viel mehr Zeit hatte, Wurzeln zu schlagen, als in den Nachbarregionen. Bis weit in das zwanzigste Jahrhundert hinein spielte auch das Arabische als Lingua franca des Islams, als Idiom der Theologie und der übrigen Gelehrsamkeit, eine wichtige Rolle in den Bergen des östlichen Kaukasiens. Mit dem allmählichen Abzug der Russen dürfte in den kommenden Jahren der unter zaristischer und kommunistischer Herrschaft starke Einfluß des Russischen schwächer werden und der des Arabischen wieder stärker. Der bruderschaftlich organisierte Islam der Tarikas ist von nicht zu unterschätzender Bedeutung und ein fester Bestandteil der Kultur.

Die gegenwärtige Situation in Dagestan ist unübersichtlich. Die blutigen Massaker in Tschetschenien hat man in Dagestan mit zunehmendem Entsetzen verfolgt. Obschon es eine gewiße Solidarität mit den islamischen Glaubensbrüdern gibt, wartet sowohl die dagestanische Führung als auch der größte Teil der Bevölkerung ab und verfolgt einen eher maßvollen Kurs, will jedenfalls keine

Wiederholung der tschetschenischen Ereignisse auf eigenem Boden. Unter der Jugend indessen gibt es nicht wenige, die – wie auch in Tschetschenien – anfällig sind für eine islamistische Radikalisierung. Von den Russen und auch manchen Dagestanern werden diese Radikalen gerne als »Wahhabiten« bezeichnet. Man will damit zum Ausdruck bringen, daß sie Militante sind, die eine islamische Revolution vorantreiben wollen. Die Wahhabiten herrschen heute in Gestalt der Familie Al Saud in Saudi-Arabien. Ursprünglich im achtzehnten Jahrhundert als puritanisch-asketische Erneuerungsbewegung des Islams auf der Arabischen Halbinsel entstanden, versucht der Wahhabismus seit den sechziger Jahren des zwanzigsten Jahrhunderts, mit Hilfe der saudischen Öleinnahmen auch außerhalb seiner Kernregion Fuß zu fassen. Es war nach dem Zusammenbruch der Sowjetunion nur eine Frage der Zeit, bis saudisches Geld und Propaganda auch in Mittelasien und unter den Muslimen des Kaukasus auftauchen würden.

Es ist nun nicht leicht einzuschätzen, ob die »Wahhabisierung« eines Teils der Jugend (übrigens auch in Tschetschenien) mehr in den Köpfen der russischen Propagandisten stattfindet oder in der Wirklichkeit. »Für die Russen sind wir alle Fundamentalisten«, sagte mir 1992 ein schiitischer Aserbaidschaner, als ich die alte, traditionsschwangere Stadt Schemacha besuchte. Andererseits kann man erklären, warum gerade ein Teil der Jugend sich einem dezidierteren Islam zuwenden mag. Vor allem die sowjetische Zeit hat – ich werde darauf im nächsten Kapitel zu sprechen kommen – einen kulturellen Kahlschlag bezüglich allem, was die Religion und ihre identitätsstiftende Rolle betraf, bewirkt. Dies wurde zwar durch den sogenannten »Parallel-Islam« aufgefangen, aber nur zum Teil. Wo Gott »abgeschafft« wird, wo die Altäre leer sind, erscheinen umgehend die Götzen. Dies weiß niemand so gut wie die Muslime, in deren Religion »der Kampf Abrahams gegen die Götzen« eine zentrale Stelle einnimmt. In gewißer Weise entdecken viele Jugendliche erst jetzt die eigentliche Tiefe und Hintergründigkeit ihrer Religion und werden sich auch wieder deren weltumspannender Ausbreitung und Ausdehnung bewußt. Die von den Russen immer wieder vorgetragenen Argumente, der »islamische Fundamentalismus« breite sich wie eine Epidemie aus und müsse deshalb mit der Wurzel ausgerissen werden, sind mit großer Vorsicht zu genießen. Sie sind allein deshalb nicht ganz richtig, weil in der islamischen Welt außerhalb Kaukasiens der sogenannte Islamismus als eine Ideologisierung des Islams nach iranischem oder sonstigem Muster seinen Höhepunkt bereits überschritten haben dürfte. Dies hindert die muslimischen Völker freilich nicht daran, sich mehr und mehr auf ihre eigenen Traditionen und Überlieferungen zu besinnen.

Die Geschichte vom schlafenden Scheich Mansur

Die Deutschen kennen die Überlieferung vom Kyffhäuser. Dort ruht einer ihrer größten Herrscher, der Kaiser Friedrich Barbarossa, auf einem Kreuzzug in der fernen Türkei auf tragische Weise ertrunken und in die Heimat zurückgebracht. Doch er schläft nur und wird eines Tages zum Leben erwachen, um sein Volk zu befreien. So weit die Sage.

Auch die Muslime in Dagestan und in Tschetschenien kennen eine Legende dieser Art. Es ist die Geschichte vom schlafenden Scheich Mansur. Auch er, den die Völker Kaukasiens bis heute verehren, wird eines Tages zurückkehren, um Freiheit und Gerechtigkeit zu bringen, so glaubten die Menschen, die ihm anhingen, nach seinem Tode. Scheich Mansur ist der große Vorläufer Schamils und eine der führenden Gestalten des Islams im nördlichen Kaukasus überhaupt. Er kann als der eigentliche Inspirator, ja Gründer des Muriden-Ordens gelten, der das Gesicht des kaukasischen Islams bis heute geprägt hat. Seiner Herkunft nach war Scheich Mansur wohl ein Tschetschene. Er wurde im Jahre 1722 in dem dagestanischen Dorf Alba geboren und war zunächst Hirte. Sein Name war Uschuruma; Mansur (»der Siegreiche«) nannte er sich erst, nachdem er zum Führer des Widerstandes gegen die Russen geworden war. Seit dem sechzehnten Jahrhundert waren die Tschetschenen von der Großen Kabardei und von Dagestan aus langsam aber systematisch islamisiert worden. Man kann ohne Übertreibung sagen, daß die Muriden-Bewegung unter Scheich Mansur diesen

Prozeß vollendete. So wurde der Widerstand gegen die Russen auch ein Vehikel, um das eigene Volk endgültig in die Lehre des Propheten Mohammed einzuführen und einzugliedern. Es dauerte bis zum Jahre 1861, bis der letzte tschetschenische Aul den Islam angenommen hatte. Mit seiner Muriden-Bewegung knüpfte Scheich Mansur um die Mitte des achtzehnten Jahrhunderts an den Derwisch-Orden (Tarika) der Nakschbendija an, der sich im Norden des Kaukasus schon früher verbreitet hatte. Diese Tarika, die in ihren Séancen oder gemeinschaftlichen Sitzungen nach einem mystischen Erleben Gottes strebt, ist eine der einflussreichsten Sufi-Bewegungen der islamischen Welt überhaupt. Sie ist vom Balkan bis nach Mittelasien verbreitet, mit Schwerpunkten im Kaukasus und im heutigen Usbekistan, aber auch in Indien und im Nahen Osten. Der Orden geht zurück auf den mittelasiatischen Sufi-Meister Scheich Burhan al-Din Nakschband, der im vierzehnten Jahrhundert bei Buchara wirkte. Dort besuchen Pilger vornehmlich aus dem östlichen Teil der islamischen Welt bis heute sein Grab, das wenige Kilometer außerhalb Bucharas liegt. In kommunistischer Zeit tat man heimlich, was heute wieder ganz offen geschehen kann.

Im Zentrum dieser mystischen Praktiken des Islams steht der Zikr (arabisch: dhikr), eine Zeremonie, die mittels der Rezitation bestimmter religiöser Formeln, die mehrfach wiederholt werden (»La ilaha illa Llah – Es gibt keinen Gott außer Gott«), einen Zustand der religiösen Trance zu erreichen versucht. Ziel des Zikr ist die »Überwältigung des Gläubigen durch die Erfahrung der göttlichen Einheit (tauhid)«, wie ein bekannter Sufi-Meister der Nakschbendija, Scheich Mustafa al Dagistanli, schreibt.

Scheich Mansur reformierte die Nakschbendija-Tarika und schuf aus ihr heraus den Muriden-Orden. Der Geist des Muridismus war am Anfang keineswegs kriegerisch, im Gegenteil. Doch konnte ein Mann wie Mansur durch die politischen und militärischen Entwicklungen in der Nähe seiner Heimat nicht unbeeinflußt bleiben. Sein Ziel wurde es, den reinen Quietismus, die mystische Beschaulichkeit, zu verlassen und seinen Anhängern, den Muriden, zu einem mehr kämpferischen Bewußtsein angesichts der tödlichen Bedrohung aus dem Norden zu verhelfen. So wurde Scheich Mansur zum eigentlichen Urheber jenes Konzeptes des Dschihad, des »heiligen Krieges«, das dann unter Schamil seinen unbestrittenen Höhepunkt erfuhr. Im Jahre 1782, ein Jahr bevor die Russen die Krim-Tataren besiegten, erklärte sich Scheich Mansur zum Mahdi, das heißt zu jenem von der islamischen Glaubenstradition verheißenen Befreier und Retter des Glaubens; gleichzeitig mit dieser Proklamation rief er den Dschihad aus, um das beginnende Vordringen der Russen einzudämmen und, wenn möglich, zu beenden. Drei Jahre später belagerte er mit seinen Muriden-Kriegern die beiden russischen Zwingfestungen Kisljar und Mozdok (letzteres ist gegenwärtig Hauptquartier der Russen im Tschetschenienkrieg). Doch die Unruhe unter den kaukasischen Muslimen verbreitete sich weit darüber hinaus: Sie erfaßte beinahe den gesamten Norden der Region und gab den Russen einen Vorgeschmack dessen, was wenige Jahrzehnte danach folgen würde. Dabei betrug die Zahl der Krieger Mansurs höchstens zehntausend Mann. Doch diese waren hoch motiviert. Am Ende gelang es den Russen jedoch, Scheich Mansurs habhaft zu werden und ihn nach Rußland zu schaffen. »Im Jahre 1794 wurde er ins Gefängnis geworfen, im Alter von zweiundsiebzig Jahren zum Tode verurteilt und so zum Märtyrer des Islams«, schreibt der türkische Autor Cafer Barlas. Doch das Volk spann um seine Person und sein Martyrium eben jene Legende vom schlafenden Scheich Mansur, die den künftigen Widerstand gegen die Russen tragen sollte.

An dieser Stelle seien einige Worte zum Thema »Dschihad« gesagt. Da heute alles und jedes von Fundamentalisten im Islam als Dschihad gerechtfertigt wird, ist dieser Begriff im Westen, vor allem in seiner Übertragung als »heiliger Krieg«, in ein schiefes Licht gerückt worden. In der Tat: Es gibt Suren im Koran, die den Gläubigen den Auftrag erteilen, gegen die »Ungläubigen auf dem Wege Gottes zu kämpfen, bis sie damit nachlassen«. Solche und andere Verse bedeuten nun keineswegs, daß der Koran an sich zu Angriffskriegen anstachele. Sie bezogen sich, als sie entstanden, auf die Auseinandersetzungen zwischen dem Propheten Mohammed und seiner Gemeinde mit den Mekkanern, die den Propheten ablehnten und seine Gemeinde mit Krieg beseitigen wollten. Dagegen sollte gekämpft werden. Das heißt: Der Koran enthält eine Doktrin des Verteidigungskrieges, die angesichts der für den Propheten und die junge Gemeinde bedrohlichen Situation mehr als verständlich war. Nicht anders als die Römer und das Christentum hat der Islam eine Lehre vom »bellum iustum« entwickelt, vom Krieg, der zur Verteidigung des Glaubens und des eigenen Lebens erlaubt ist. Zu der Bemühung um Gott (dschihad) kann also auch gehören, sich mit Waffengewalt einmal für den Glauben einzusetzen. Daß auch der Islam sich häufig nicht an den defensiven Charakter seiner eigenen Kriegslehre gehalten hat, daß er auch Angriffskriege führte – etwa die Belagerungen von Wien – und sie als »heilig«, weil religiös sanktioniert, erklärte, ist allerdings ebenso wahr. Der Islam war insofern nicht von den Fehlern frei, die auch das Christentum – ursprünglich eine Friedensbotschaft – zeitweise zu einer aggressiven Religion werden ließen. Doch der Dschihad von Scheich Mansur und später Schamil trug eindeutig defensiven Charakter, richtete sich gegen fremde Aggressoren und kann damit als ein »authentischer Dschihad« bezeichnet werden.

Schon 1801 setzten Dagestaner und Tschetschenen den Kampf unter Führung von Beibulat Taimijew fort. Unterdessen formierte und festigte der Muriden-Orden unter seinem ersten Imam Gazi (Kasi) Mollah, einem Freund und Jugendgefährten Schamils, seine Strukturen. Immer intensiver wurde in den Sufi-Konventen die Frage gestellt, ob man den aus dem Norden vordringenden Fremden nicht endlich massiven Widerstand entgegensetzen solle, entschiedeneren jedenfalls als unter Mansur.

Der Löwe von Dagestan

Bevor die Russen das Land eroberten, waren weder die Tschetschnja noch Dagestan Oasen des ewigen Friedens. Stämme und Familienverbände rivalisierten miteinander, Blutfehden, die man mit dem türkischen Wort »kanli« nannte, herrschten und hielten eine Spirale der Gewalt in Gang, die erschreckend war. Fast alle wichtigen Führer des Landes waren an diesen Auseinandersetzungen beteiligt. Die beiden ersten Imame des Muriden-Ordens, Gazi Mohammed und sein Nachfolger Hamzat Beg, wurden gleichfalls Opfer der Gewalt. Auch Schamil war darin verwickelt, doch im Unterschied zu anderen gelang es ihm, als er die Führung innehatte, unumschränkte Autorität zu gewinnen und als Löwe von Dagestan in die Geschichte einzugehen. Schamil war nicht nur der unbestrittene Kopf des Widerstandes, sondern auch ein Staatsgründer. Auf dem Höhepunkt seiner Macht herrschte er über ein Gebiet, das bis zu den Tscherkessen hinüberreichte. Als letztes zwang er die Kabardiner in der Kleinen und Großen Kabardei unter seinen Gehorsam. Zusammengehalten wurde sein Staat, bevor die Russen ihn zerschlugen, durch das Schariat, das heilige Recht des Islams, dem er auch mit Härte zur Geltung verhalf, um die Muslime zu einigen und die ebenso endlosen wie tödlichen Rivalitäten zu beenden. Als Schamil und seine Muriden kapitulieren mußten, ging auch das von ihnen geschaffene politische Gebilde zugrunde. Schamil zeigte Eigenschaften, die seinem Charakter das Beiwort »schillernd« angemessen sein lassen. Er konnte grausam sein, aber auch großzügig, impulsiv und dennoch gerecht. Nachdem der Zar ihm im Jahre 1839 seinen Sohn als Faustpfand abverlangt hatte, nahm er gelegentlich auch Geiseln, die er freilich gut behandelte, so die beiden georgischen Fürstinnen Tschawtschawadse und Orbeljani.

Auf dem Höhepunkt seiner Macht wechselte Schamil Briefe mit Königin Viktoria, die damals über ein Drittel der Erde herrschte. Das war nur recht und billig, denn auch Schamil war von Adel. Seine Eltern waren Edle vom Volk der Awaren. Sein Vater war Fürst Dengau, seine Mutter hieß Bahu-Messadu. Schamil wurde im Jahre 1797 im Aul von Gimri im nordöstlichen Dagestan geboren, einem Ort, der zur Legende werden sollte in den kommenden fünfzig Jahren. Zunächst trug der junge awarische Fürst, wie Lesley Blanche schreibt, den Namen Ali; doch später, als sich zeigte, welcher Kerl aus ihm werden würde, nannte man ihn Schamil, was soviel heißt wie »der Umfassende«. Zu seinem Lehrer wurde ein führender Theologe und Mystiker, Dschamal al-Din, bestellt. Er unterwies Schamil in den Lehren des Korans und der Sunna. Auch in die Glaubenswelt der sufischen Muriden, in den Tasawwuf oder Sufismus, wurde er eingeführt, eine Lehre, die den Adepten im Grunde zu geistiger Vervollkommnung führen will, da er nach Auffassung der Scheichs einen Weg beschreiten soll, der von der Scharia, dem religiösen Gesetz, über die Tarika, den Bund der Brüder, zur Hakika führen soll, der einen und ungeteilten göttlichen Wahrheit.

Trotz dieser »geistlichen« Ausbildung vernachlässigte der junge Aware auch die militärischen Tugenden nicht, die für einen Delikanli oder Yigit, einen jungen Kämpfer, selbstverständlich waren. Gasi Mollah, einige Jahre älter als Schamil, wurde sein engster Jugendgefährte. Beide waren auch körperlich beeindruckende Figuren. Schamil maß einen Meter und fünfundachtzig, Gasi Mollah kaum weniger. Wenn Schamil die Tscherkesska trug, die kaukasische Uniform mit Fellmütze, oder den Turban des Muriden-Führers, wirkte er riesenhaft. Im Kampf bevorzugten die Kaukasier eine Taktik, die man später als Guerillakrieg wissenschaftlich kanonisiert hat. Die Einheimischen nutzten ihre Kenntnis des Geländes, legten den Russen Hinterhalte und waren begnadete Säbelkämpfer. Die Mannschaften Schamils waren die Nahibs. Zu ihrer Kampfesweise gehörte es, wie Lesley Blanche schreibt, sich eher den Tod zu geben, als sich gefangen nehmen zu lassen. Die muslimischen Frauen stürzten sich in Schluchten zu Tode, anstatt sich in die Hände des Feindes zu begeben. Die Tschetschenen bildeten die Elite der Kämpfer Schamils. Daß die Russen den kaukasischen Krieg schließlich doch siegreich beendeten, lag in erster Linie daran, daß sie über ein vergleichsweise unerschöpfliches Reservoir an jungen Soldaten und auch an schweren Waffen verfügten; dies mußte, begünstigt durch den Faktor Zeit, dazu führen, daß sich die Waage des Kriegsglückes mehr oder weniger zur Seite der Russen neigte.

Eine wirkliche Kriegserklärung hat es niemals gegeben. Die Russen rückten seit dem späten achtzehnten Jahrhundert als Siedler und Wehrbauern sowie als Soldaten vor. Damit provozierten sie Aufstände, die wieder russische Strafaktionen hervorriefen. Die Niederlagen der Perser gegen die zaristischen Truppen öffneten Petersburg den Weg zu weiterer territorialer Besetzung und Durchdringung. Eine gute Chance, die Russen wieder loszuwerden, witterten die Kaukasier 1825, im Jahr des Dekabristenaufstandes. Doch nach dem Tode Alexanders I. drehte dessen Nachfolger Nikolaus I. den Spieß herum und ging in die Offensive über. Dabei kam den Russen auch zugute – wie sich die Dinge gleichen –, daß sie nicht alle Kaukasier zu Gegnern hatten. Manche, wie Daniel Beg von Elisu, ließen sich als Vasallen gewinnen.

Die insgesamt dreißig Jahre des Krieges verliefen in Etappen, wobei Zeiten relativer Waffenruhe sich mit hektischer Kampftätigkeit abwechselten. 1832 kam es zur ersten Eroberung von Gimri, bei der Gazi Mollah den Tod fand. Schamil, der bei dem Gemetzel an vorderster Front gekämpft hatte, war verwundet worden. Zum neuen Imam der Muriden wurde Hamzat Beg bestimmt, ein Mann, der sich durch sein persönlich unwürdiges Gebaren und mangelnde Autorität den Zorn der eigenen Landsleute zuzog. Er wurde zwei Jahre nach der Übernahme der Führung in der Moschee ermordet – eine Bluttat, bei der Schamil anwesend war, aber entkommen konnte. Er wurde 1834 zum dritten Imam gewählt und sollte sich durch größere Strenge und Härte als seine Vorläufer auszeichnen. Im selben Jahr unternahm er die Haddsch, die Pilgerfahrt nach Mekka und Al-Medina zu den heiligsten Stätten des Islams. Bei dieser Gelegenheit soll er mit Abdel Kader zusammengetroffen sein, dem algerischen Freiheitskämpfer, der damals einen Dschihad gegen die Franzosen geführt hatte. Diese waren 1830 an der algerischen Küste gelandet und hatten ein Jahr später nach der siegreichen Schlacht von Sidi Ferruch vom Lande offiziell Besitz ergriffen. Abdel Kader führte aus der Wüste heraus Glaubenskämpfer gegen sie ins Feld, die allerdings der Übermacht der Franzosen unterlagen. Der Löwe von Algier mußte ins Damaszener Exil gehen. Bei diesem Treffen mit dem Löwen von Dagestan bestärkte er Schamil offenbar in dessen Wunsch, einen heiligen Abwehrkampf gegen die Russen zu führen und diesen auch zu verkünden.

Vor allem in der Tschetschnja verging kaum ein Jahr, in dem sich die Kämpfer des Muriden-Ordens nicht gegen die Aggressoren zur Wehr setzten. Schamil hatte begriffen, daß Einzelaktionen wenig einbrachten, und Abdel Kader hatte ihm das bestätigt. In Algerien scheiterten die Wüstenkrieger vor allem daran, daß sie nicht koordiniert vorgingen. Das wollte Schamil besser machen. Es ging darum, den bewaffneten Widerstand zu bündeln. Dies unternahm Schamil besonders nach dem Jahre 1839, als die Russen Gimri zum zweiten Male erstürmten und ein Blutbad ohnegleichen anrichteten. Die Niederlage war so schwer, die Verluste waren so hoch, daß man in Petersburg glaubte, die Kaukasier lägen nun am Boden. Hinzu kam, daß die Russen den ältesten Sohn Schamils, Dschemaleddin, in Petersburg als eine Art Staatsgeisel hielten. Dort fehlte es ihm zwar an nichts, aber als Druckmittel gegen seinen Vater konnte seine Gefangenschaft jederzeit eingesetzt werden. Dschemaleddin, den manche Russen in Petersburg regelrecht verehrten, kam erst im Jahre 1856 wieder in die Heimat zurück, nur um zwei Jahre darauf einer Lungenkrankheit zu erliegen. Er war in den langen Jahren seines Aufenthaltes zum Russen geworden, der die Literatur und die Musik von Chopin liebte. Doch Schamils Autorität war unvergleichlich. Es gelang ihm in kurzer Zeit, seine Macht wieder herzustellen und seit etwa 1842 den Russen schwere Verluste zuzufügen. Etwa 1854 war Schamil auf dem Höhepunkt seiner politisch-militärischen Laufbahn und hatte sich größten Ruhm als kaukasischer Freiheitsheld erworben. Die Auls von Chunsach, Gunib und Achulgo im zentralen Dagestan waren zu jener Zeit die Brennpunkte seiner Machtentfaltung geworden. Dabei mußte der Löwe von Dagestan auch Aufruhr und Verschwörung in den eigenen Reihen erleben, so die kurzfristige Abkehr Hadschi Murads, seines fähigsten Unterführers.

Der dreißig Jahre währende Kampf verschliß auf zaristischer Seite jede Menge Heerführer: die Generäle Paskjewitsch, Garbe, von Klugenau, Murawjow, Gagarin und viele andere. Es bedurfte der besten Soldaten und Verwalter, die der Zar überhaupt aufbieten konnte, um Schamil und seine Krieger in die Knie zu zwingen. Das waren General Jermolow, Generalgouverneur in Tbilissi zwischen 1816 und 1827, Fürst Woronzow, Befehlshaber in Georgien von 1845 bis 1854, und schließlich Alexander Barjatinskij, der endgültige Bezwinger der Kaukasier. All diese Generäle hatten größte Hochachtung vor den Fähigkeiten Schamils, und als der Löwe von Dagestan schließlich kapitulierte, wurde ihm von den Russen, der Zar eingeschlossen, höchste Ehrerbietung erwiesen. Nach den

Schlächtereien, die es zuvor gegeben hatte, stellt dies immerhin einen bemerkenswerten Unterschied zu jenen »modernen Zeiten« dar, in denen wir heute leben und die von Ritterlichkeit nichts mehr wissen. Die Ironie des Schicksals wollte es auch, daß jener Zar, der über dreißig Jahre hinweg regierte und mit der größten Erbitterung gegen Schamil kämpfte, die Früchte des Sieges gar nicht mehr ernten konnte. Nikolaus I., der 1825 den Thron bestiegen hatte und unter dem auch die Autokratie zu ihrer aberwitzigsten Höhe getrieben worden war, starb 1855. Es war Alexander II., der den russischen Sieg erlebte. General Barjatinskij, sein Freund und Vertrauter, ebenso liberal gesinnt wie der Herrscher, assistierte ihm dabei. Er verfolgte eine Taktik, die relativ rasch zum Erfolg führte. Sie paarte entschiedenes Verwaltungshandeln und militärische Offensiven mit Großzügigkeit und Milde. Es zeigte sich, daß Barjatinskijs Werben um die Kaukasier erfolgversprechender war als all die Brutalität zuvor. Obwohl Schamil durch unbarmherzige Härte versuchte, die Reihen geschlossen zu halten, lief Aul um Aul zu den Russen über. Der Kaukasus war erschöpft. Der Kaukasus war ausgeblutet. Der Kaukasus konnte nicht länger widerstehen. Es fehlte den Muriden an fast allem, was zur Fortsetzung eines siegreichen Feldzuges erforderlich gewesen wäre. »Wie immer hatten die Türken vieles versprochen, aber wenig gehalten«, schreibt Lesley Blanche. Barjatinskijs Einschätzung, die Kräfte der Muriden seien erlahmt, war richtig gewesen, und sein Kalkül, daß Nachgiebigkeit am Ende mehr bewirken werde als rücksichtsloser Kampf, ging auf. Schamil kapitulierte im Sommer 1859 in Wedeno, drei Jahre nachdem Barjatinskij den letzten Feldzug eingeleitet hatte. Ein letzter Versuch, den Aul von Gunib zu verteidigen, war angesichts der Übermacht der von General Jewdokimow befehligten Russen zwecklos. Schamil persönlich übergab Barjatinskij sein kostbares Schwert von Damaszener Stahl in der Annahme, er werde über kurz oder lang hingerichtet.

Wedeno (früher Dargo-Veden), eineinhalb Autostunden von Grosnyj in den südlichen Bergen gelegen, ist bis heute die heimliche Hauptstadt Tschetscheniens geblieben. Eine Ortschaft mit etwa 17 000 Einwohnern, die von Viehzucht und ein wenig Obstanbau leben. Es ist die Heimat von Schamil Bassajew, dem bekanntesten Feldkommandeur der Tschetschenen, und seinem Bruder Schirwani, der sich gleichfalls an den Kämpfen beteiligt hat. Auch sie haben Geiseln genommen, wie weiland ihr großes Vorbild – freilich geschah dies hundertfünfzig Jahre später, in einer Zeit, da man glauben sollte, solch archaische – und unislamische – Mittel der Kriegführung seien ein für allemal Geschichte geworden.

Schamil und seine vierzig Personen umfassende Familie wurden nach der Kapitulaltion zunächst nach Temir Khan Schura gebracht. Dann ging es nach Stawropol, Charkow, Moskau und Petersburg, wo der Zar den besiegten Feind großmütig aufnahm. Schamils Weg nach Norden glich einem Triumphzug, überall erregte er Begeisterung, selbst russische Familien, die in den Kriegen gegen ihn Söhne verloren hatten, applaudierten dem Löwen von Dagestan. Generäle, die gegen ihn gekämpft hatten, wie Jermolow, reichten ihm die Hand und fachsimpelten mit ihm über die vergangenen Schlachten. Man vergleiche das einmal mit der heutigen Stimmung in Rußland, und man wird finden, wie fragwürdig es ist, von einem Fortschritt im Menschlichen zu sprechen.

Die folgenden Jahre verbrachte Schamil der Aware in einer Art Schutzhaft in der russischen Provinzstadt Kaluga. Auch dort empfing man ihn mit Jubel. 1870 durfte er nach Konstantinopel reisen, traf dort mit dem Sultan Abdul Aziz zusammen und begab sich anschließend auf die Pilgerfahrt nach Mekka und Al-Medina. Dort ist er im folgenden Jahr gestorben. Ein großer Teil seiner Familie ging in die Türkei, wo man noch in den fünfziger Jahren des zwanzigsten Jahrhunderts, etwa in Istanbul, auf Nachfahren des »Löwen von Dagestan« treffen konnte. Nach Schamils Scheitern setzte überhaupt ein neuerlicher Exodus von Muslimen in das Türkische Reich ein, so verließen zwischen 1861 und 1864 Tausende von Tscherkessen das Land.

Im Kaukasus und in vielen anderen Gegenden der islamischen Welt ist Schamils Ruhm ungebrochen. In Afghanistan tauchte sein Bild auf, als die Sowjetunion 1980 dort einmarschiert war und die Mudschahedin ihren Widerstand zu organisieren begannen. Im Westen ist sein Name kaum bekannt, auch nicht nach den beiden jüngsten Tschetschenienkriegen. Hier gälte er als Fundamentalist und damit als Außenseiter, als nicht gesellschaftsfähig. Er war eine tapfere archaische Figur, in der sich Stolz, Ehre, Grausamkeit, Tapferkeit, aber auch Einsicht in das Unabwendbare mit einem eisernen Willen paarten. Er war und ist der ungekrönte König der Dagestaner. In der Sowjetunion galt Schamil lange Zeit, etwa bis zum Zweiten Weltkrieg, als »fortschrittlicher Kämpfer gegen den Zarismus«. Dann wendete sich das Blatt. In Stalins Spätzeit wurde Schamil zum Feind des Fortschritts, der die »reaktionären Ideen des Islams« verfochten habe. Dabei spielte auch eine Rolle, daß Stalin insgesamt sieben kaukasische Völker hatte deportieren lassen. Nach deren Rückkehr und offizieller Rehabilitierung vollzog sich abermals eine Wende in der Bewertung. Schamil bekam jetzt wieder eine positive Rolle innerhalb des »dialektischen Fortschritts« zum Sozialismus und Kommunismus zugewiesen. Den meisten Kaukasiern war das gleichgültig, hängten sie doch aus Verehrung Fotos des Imams in ihre Häuser. Das jedenfalls wußten Reisende in den sechziger Jahren zu berichten. Schon damals fürchteten die Moskauer Kommunisten, der Geist des großen Awaren werde, gleich dem Flaschengeist aus Tausendundeiner Nacht, wieder auferstehen. Sie behielten recht.

Tschetschenien nach dem Aufstand

Doch auch in den Jahren unmittelbar nach Schamils Niederlage blieb die Tschetschnja unruhiges Gebiet. Der Muriden-Orden war ja keineswegs zerschlagen, sondern verbreitete nach wie vor die Daawa, den Ruf zum Islam. Vor allem unter den Inguschen gab es noch Auls, die zu bekehren waren. Gleichzeitig dauerte auch der Widerstand fort, wenn auch nicht so umfassend wie Schamils Abwehrkampf. Genährt wurde dieser Widerstand unter anderem dadurch, daß die Kosaken südlich des Terek-Flusses sich mehr und mehr jenes Land aneigneten oder zugesprochen bekamen, das den in der Ebene siedelnden Tschetschenen gehört hatte. Schon zu Beginn der sechziger Jahre führte der mystische Prediger Kunt

Hadschi einen lokalen Aufstand an. Unter dem Gouverneur Loris-Melikow, der eigentlich als Liberaler galt, wurden ganze Stämme wie die Kara Bulak in das Osmanische Reich verschleppt, »umgesiedelt«, wie der verwaltungstechnische Euphemismus hieß. Ein Teil dieser Vertriebenen kehrte freilich über Schleichwege und Saumpfade wieder in die Berge Tschetscheniens zurück. Dort waren inzwischen die sogenannten Abreken-Aufstände ausgebrochen. Darunter verstand man Erhebungen von Guerillaführern, welche die Russen selbstredend als »Räuberhauptmänner« bezeichneten, etwa Wara, den noch heute tschetschenische Barden besingen, oder Zelim Khan, der die Russen immer wieder von Wedeno aus angriff. Bis heute hat dieser Ort einen Nimbus der Unbezwingbarkeit unter den Tschetschenen.

Um die Wende vom neunzehnten zum zwanzigsten Jahrhundert war fast der gesamte Kaukasus mit seinen vielen Nationalitätenkonflikten und dem Einfluß der russischen Fremdherrschaft eine Region der revolutionären Unruhe. Marxisten, Sozialdemokraten, Nationalisten und Erneuerungsbewegungen prägten zwischen Eriwan, Tbilissi und Baku ein Klima des fiebrigen Aufruhrs. Auf der Seite der Russen hatten die Narodniki, die Volkstümler, einen großen Einfluß. Es war jenes Klima, in dem auch Stalin und die anderen kaukasischen Revolutionäre – seien sie Bolschewiken oder Menschewiken – groß wurden. Die Lage verschärfte sich als Folge der Revolution von 1905. Nach der bürgerlichen Revolution vom Frühjahr 1917 versäumten es die Umstürzler, den nichtrussischen Minderheiten eine klare Perspektive zu geben. Diese entschieden sich denn auch für die nationale Revolution, wie wir es an den Beispielen Armenien, Georgien und Aserbaidschan gesehen haben, wo sich bis 1920 bürgerliche Republiken halten konnten. Sie fielen erst, als sie die Unterstützung durch die Entente-Mächte verloren, wie der Zusammenbruch des Staates der Müsavatisten in Baku deutlich machte. Die Bolschewiki errangen einen Vorteil dadurch, daß sie den Völkern die Freiheit vom Zarismus und Emanzipation versprachen. So kam es, daß während des russischen Bürgerkrieges, nach der Machtergreifung Lenins und Trotzkijs in der Oktoberrevolution, die Tschetschenen mit den »Roten« sympathisierten. Dies um so mehr, als die Kosaken, die sich an ihrem Land bereichert hatten, fast durchweg auf der Seite Koltschaks und Denikins, das heißt der »weißen«, zaristisch-revisionistischen Generäle standen. Nach dem Sieg der Roten merkte man freilich bald, daß von Freiheit nur in jenem Sinne die Rede sein konnte, den die Kommunisten damit meinten. Bis 1925, ja bis 1931 gab es Aufruhr unter den Tschetschenen, wobei fast immer religiöse Prediger die treibenden Kräfte waren. Am Ende standen die Deportationen Stalins und die schwierige Rehabilitation in den fünfziger Jahren.

Dschochar Dudajew – Hasardeur und Volksheld

Von Dschochar Dudajew mag man halten, was man will, doch man muß zugeben, daß ohne sein Handeln die Tschetschenen schwerlich die ersten Schritte auf dem Weg zu einer nationalen Selbstbestimmung unternommen hätten. So erklärt sich auch, daß ihn selbst Gegner im eigenen Lager respektieren, obwohl sie ihn als Person wie als Politiker ablehnten oder gar bekämpften. Zeitweise genoß der kleine, schnurrbärtige Mann den Ruf, eine Art Held zu sein, ein Volksheld. Heute, nach seinem Tod durch russische Raketen und Granaten, steht er gar im Rang eines Märtyrers. Für die Russen ist er, was aus ihrer Sicht verständlich ist, ein Verräter, verdankt er ihnen doch seinen beruflichen und gesellschaftlichen Aufstieg. Dudajew war Berufssoldat, geprägt durch die Sowjetarmee.

Geboren worden war er am 15. April 1944 im fernen Kasachstan, wohin man seine Eltern verschleppt hatte. Zeitlebens ist Dudajew – wie viele seiner Landsleute – dieses tragische Schicksal nicht losgeworden. Etwa ein Fünftel der deportierten Tschetschenien starb auf den Transporten nach Osten. Nach der Rückkehr der Familie im Jahre 1957 schlug Dschochar die militärische Karriere ein. Er wurde Pilot in der sowjetischen Luftwaffe, schließlich dank seines Ehrgeizes der erste tschetschenische General der Sowjetarmee. Ende der achtziger Jahre avancierte er zum Befehlshaber der in Estland stationierten Luftwaffendivision. Als sich im Laufe des Jahres 1990 die Auflösung der Sowjetunion abzuzeichnen begann, kehrte Dudajew nach Grosnyj zurück und wurde Vorsitzender des Exekutivkomitees des »Vereinigten Volkskongresses der Tschetschenen«. Seine Zielstrebigkeit führte dazu, daß es schon im Jahre 1991 keinen im Land mehr gab, der Dudajew hinsichtlich der politischen Energie (und wohl der Gerissenheit) gleichkam. Dudajew proklamierte die Unabhängigkeit und wurde am 28. Oktober 1991 mit mehr als neunzig Prozent der Stimmen zum Präsidenten gewählt.

Er versetzte den Russen während dreier Jahre militärisch derart schmerzhafte Nadelstiche, daß diese beschlossen, entschiedener vorzugehen. Der kleine Krieg eskalierte zu einem großen, bei dem der Kreml auch ein Kopfgeld auf die Ergreifung des Führers der tschetschenischen Irredentisten aussetzte. Der Verlauf der Kämpfe zeigte freilich, daß Moskau die Tschetschenen unterschätzt hatte. Die im Dezember 1994 einmarschierten 40 000 Russen schafften es nicht, einige tausend tschetschenische Kämpfer zu besiegen, zumal diese nach ihren ersten großen Niederlagen in der Ebene und in Grosnyj auch vor spektakulären Geiselnahmen wie denen von Budjonnowsk und Perwomaiskoje nicht zurückschreckten. Die Erfolglosigkeit der Russen war um so erstaunlicher, als es auch innertschetschenische Machtkämpfe zu Hauf gab, die Dudajew fast wie durch ein Wunder überstand. Er überlebte zwei Putschversuche und drei Attentate. Den Russen war es immerhin gelungen, Grosnyj einzunehmen und den Präsidentenpalast in wochenlangem Beschuß weitgehend zu zerstören. Sie setzten Ende 1994 eine Regierung unter Salambek Chadschijew ein, die ein Jahr danach von Präsident Doku Sawgajew abgelöst wurde. Zu dieser Zeit war Dudajew vorübergehend in den Untergrund abgetaucht. Er blieb die Seele des Widerstandes auch gegen die Kollaborateure. Vor allem die Massenentführungen und der Guerillakrieges brachten Jelzin schließlich dazu, den General Alexander Lebed zu Gesprächen über ein Ende der Kämpfe zu ermächtigen. Dem Helden der Tschetschenen Dudajew aber wurde sein Leichtsinn zum Verhängnis: Bei dem Ort Gechi Tschu traf ihn ein russisches Geschoß in der Nacht vom 21. auf den 22. April 1996. Dudajew hatte im Freien telefoniert und war von der russischen Artillerie angepeilt worden.

Wer soll Tschetschenien führen?

So richtig es ist, in Dudajew einen der Motoren für die tschetschenische Sezession zu sehen, so richtig ist es auch, ihn für das folgende Desaster mitverantwortlich zu machen. Manches spricht dafür, daß der Präsident Tschetscheniens am Ende unter einem gewißen Realitätsverlust zu leiden begann, der ihn dazu verleitete, die Grenzen zwischen dem relativ schwachen Tschetschenien und der Macht Moskaus und Petersburgs zu verwischen. Zudem fällt in seine Zeit jener moralische Verfall, der mit dem Stichwort der Tschetschenen-Mafia umschrieben worden ist. Schon früh wollten die Stimmen nicht verstummen, die auch Dudajew der Korruption bezichtigten, dazu der Selbstherrlichkeit und Vetternwirtschaft. Der kleine Mann wollte ein Großer sein und schreckte auch nicht davor zurück, mafiose Kanäle zu nutzen. Diadochenkämpfe blieben nach seinem Tode freilich aus. Auf Dudajew folgten Selimkhan Jandarbijew und schließlich Aslan Maschadow, mit dem die Tschetschenen auf die Dauer wohl am besten bedient wären.

Im Kreml kam etliche Wochen nach der Eroberung Grosnyjs der Plan auf, einen Moskautreuen zu etablieren. Man hatte den ehemaligen Bürgermeister der tschetschenischen Hauptstadt, Beslan Gantamirow, als neuen Präsidenten von Putins Gnaden auserkoren. Gantamirow war schon früh zu den Russen übergegangen und hatte sich im zweiten Tschetschenienkrieg sogar mit einer Brigade von tausend tschetschenischen Kämpfern an der Erstürmung jener Stadt beteiligt, der er einmal vorgestanden hatte. Daß die Mehrheit der Tschetschenen ausgerechnet diesen Mann auf die Dauer als ihren neuen Führer anerkennen wird, ist reichlich unwahrscheinlich. In Wartestellung, ohne groß aufzufallen, verhielt sich der ehemalige Moskauer Parlamentspräsident Ruslan Chasbulatow in der Hoffnung, künftig eine Rolle in seiner Heimat zu spielen. Während der kriegerischen Auseinandersetzungen hörte man nichts von ihm, da politischer Opportunismus Chasbulatow wohl den Mund verschloß. Über seinen künftigen Weg kann nichts Verläßliches gesagt werden. Falls die Russen den bisherigen Präsidenten Maschadow nicht mehr akzeptieren sollten, hätte wahrscheinlich noch der höchste geistliche Würdenträger des Landes, der Mufti Achmet Kadyrow, die besten Chancen auf das höchste Staatsamt. Mit ihm könnten die Russen auskommen, wenn auch dieser Muslimführer bei seinem Volk nicht unumstritten ist. Anfang Mai ließ Staatspräsident Putin wissen, Tschetschenien werde zunächst einmal und für die kommenden Jahre direkt Moskau unterstellt werden.

Einstweilen freilich gehen die Kämpfe trotz der Niederlage in jenem Krieg, der mit schweren Waffen geführt wurde, auf kleinerer Flamme weiter. Niemand vermag zu sagen, ob es den Russen überhaupt je gelingen wird, sie gänzlich einzudämmen. Es gibt junge Tschetschenen, die nicht religiös motiviert sind in ihrem Widerstand gegen die Russen, sondern eben national gesinnt. Ihnen genügen die grausamen Verbrechen, derer sich die Russen an ihrem Volk schuldig gemacht haben, als Ansporn dafür, in die Berge zu gehen. So sollte man, trotz aller Verehrung für Schamil, nicht immer nur den Islam herausstreichen, wenn es um ein Verständnis der aktuellen Vorgänge geht. Auch die Armenier und Georgier, die keine Muslime sind, haben ja 1991 ihre nationale Unabhängigkeit erklärt. Allein dies ist ein Beweis dafür, daß die vielbeschworenen Errungenschaften des Sozialismus kaum mehr als Propaganda waren. Sie jedenfalls zogen die nationale Selbstbestimmung der Sicherheit, die das Sowjetregime ohne Zweifel bieten konnte, vor. Freilich wird eine endgültige Bilanz des Sowjetregimes erst in den kommenden Jahrzehnten gezogen werden können. Als sich die Sowjetunion auflöste, wollten viele zunächst eine Entfaltung ihrer nationalen Kulturen erleben, die unter dem Sozialismus in eine ganz einseitige Richtung gedrängt worden waren, eingeschnürt in das Korsett einer unflexiblen Ideologie.

KAPITEL 6

Unter kommunistischer Herrschaft – Verheissung und Versagen der Sowjetunion

Der marxistische Historiker Isaac Deutscher hat in seinem Werk »Die unvollendete Revolution« ein Fazit der Oktoberrevolution und der auf sie folgenden Entwicklung in der Sowjetunion gezogen, das heute antiquiert anmutet. Er ging davon aus, daß der Sowjetunion ein langes Leben als Staat beschieden sein werde, ihr relativ sang- und klangloses Ende hat er nicht mehr erlebt. Deutscher, der auch eine umfangreiche Biografie Leo Trotzkijs von bleibendem Wert verfaßt hat, gehörte zu jenen Marxisten, die durch die Ideologie nicht gänzlich verblendet worden waren, die auch die liberalen Freiheiten des Westens durchaus zu schätzen wußten, ohne sie ständig als bloße Farce zu denunzieren. »Hat die Russische Revolution die Hoffnungen erfüllt, die sie erweckt hat?«, fragt Deutscher im letzten Kapitel seines Werkes. Und er antwortet zunächst in einem allgemeinen Sinn: »Was offensichtlich ist, das ist die Unermeßlichkeit und der unerwartete Charakter sowohl des Erfolgs als auch des Mißerfolgs.« Einige Seiten weiter spricht er vom »Mißverhältnis zwischen der Anstrengung und den Ergebnissen«.

Für einen marxistischen Historiker ist dies bemerkenswert deutlich. Allerdings werden dann doch die Grenzen sichtbar, die seine Weltanschauung diesem Historiker gesetzt hat. Deutscher rechnet der Sowjetunion hoch an, daß sie die Klasse der Großgrundbesitzer und der Bourgeoisie beseitigt hat, daß sie Rußland einer umfassenden Modernisierung unterzog und daß sie das einstmals agrarische Land mit geringer Industriearbeiterschaft (nur etwa drei Millionen zum Zeitpunkt der Revolution), dafür aber um so mehr leibeigenen, später dann »befreiten« Bauern auf weiten Strecken industrialisiert hat – dies vornehmlich in der Ära Stalins. Und tatsächlich: Ist es denn nicht so, daß die Russen den Kaukasiern Industriekomplexe und Kernkraftwerke, Fernheizungen und Elektrizitätswerke einschließlich der dazu notwendigen Ausbildung in großem Stil beschert haben? »Unvollendet« war die Revolution nach Deutschers Auffassung unter anderem wegen eines Sachverhalts, den er in die eher beiläufigen Worte kleidet: »Es ist paradox, daß das Sowjetvolk jetzt jene elementaren Freiheiten erstreben muß, die einst in allen liberalen bürgerlichen Programmen eine Rolle spielten…«

Genau das ist aber der Kern. Die Sowjetunion hat während ihrer mehr als siebzigjährigen Geschichte gezeigt, daß exakt diese von Deutscher noch geforderten und erhofften liberalen Freiheiten, die für eine emanzipierte Gesellschaft unerläßlich sind, unter dem Banner des marxistischen Kommunismus gerade nicht möglich waren. Als nämlich der Kommunismus mit menschlichem Antlitz endlich kommen sollte, als Michail Gorbatschow seine Reformpolitik von Perestrojka und Glasnost in Gang setzte, die liberales Denken und Handeln versprach, scheiterte er in kurzer Zeit. Die Sowjetunion ging zugrunde und mit ihr die ganze Ideologie. Daß diese in der alten Form wiederaufleben wird, erscheint zum gegenwärtigen Zeitpunkt recht unwahrscheinlich.

Es herrscht vielerorts die Auffassung, daß es vor allem die Politik des Westens gewesen sei, die das Reich der Sowjets zum Einsturz gebracht habe, etwa die heftig umstrittene Nachrüstung der Nato. Doch in Wirklichkeit scheiterte das kommunistische System wohl eher an seinen inneren, unlösbaren Widersprüchen, was die klügsten unter seinen Kritikern, die solches schon vorausgesagt hatten, bevor der Kommunismus überhaupt die Macht ergriff, am wenigsten überrascht hätte. Allenfalls der Zeitpunkt und die Geschwindigkeit des Verfalls machten die zeitgenössischen Beobachter staunen. Was sich in der Sowjetunion als falsch erwies, war die Vorstellung, man könne die von den Marxisten immer nur als halb oder unvollständig angesehenen Errungenschaften der »bürgerlichen Aufklärung«, der Französischen Revolution und des »bürgerlichen Liberalismus« (der zudem noch als kleinbürgerlich denunziert wurde) durch eine Totalemanzipation vervollständigen, sozusagen übertreffen. Aus dieser Vision, die vom Reich der Notwendigkeit in das der Freiheit führen sollte, wurden Unfreiheit, Knechtschaft, ein neuer Völkerkerker, über Jahre beherrscht von den Schrecknissen der Schauprozesse und des Gulag. Hinzu kam die Ausrottung ganzer Menschengruppen und Bevölkerungsschichten, ja sogar der Genozid. Ebendies kann in seiner Wirkung auf die kaukasischen Völker gar nicht überschätzt werden. Nicht, weil nun das »Ende der Geschichte« gekommen wäre, wie der amerikanische Denker Francis Fukuyama vor Jahren vorhersagen wollte, sondern weil die menschliche Natur in ihrem individualistischen Facettenreichtum schöpferisch und übermächtig ist, ging der Kommunismus zugrunde. Als das Regime den Druck nur ein wenig lockerte, war es um seine Legitimation geschehen. Menschen, die ihre Meinung ohne Angst vor Repressalien kundtun wollen, werden auf lange Sicht immer pluralistischen, demokratischen Formen des Politischen den Vorrang einräumen – entgegen allen Sirenenklängen von Utopisten und Ideologen, die unter dem Vorwand einer absoluten Gerechtigkeit eine Gleichheit versprechen, die an ihrem Ende in der Unterdrückung der Freiheit endet.

Die Völker des Kaukasus nun haben den ganzen Zwiespalt, den Deutscher in seiner Bilanz andeutete, sogar noch in potenzierter Form durchlitten. Ihre gemeinsame Geschichte mit den Russen gehört zur Zarenzeit noch in das Kapitel des sozusagen »klassischen«, gewöhnlichen Imperialismus und Kolonialismus mit seinen Überwältigungen und Entfremdungen. Doch nach der fast nahtlosen Übernahme des imperialen Territorialbestandes der Zaren in das Reich Lenins kam ein neues Element hinzu: die geschlossene marxistische Ideologie als umfassendes Herrschaftsinstrument. Hier liegt zum Beispiel ein wesentlicher Unterschied zum britischen Imperialismus. Während die Engländer ihre Lebensformen in die Kolonien trugen und dort praktizierten, vom Kricket bis zum Fünf-Uhr-Tee – bei allgemein recht geringem Interesse an einer Veränderung der Lebensformen der von ihnen Kolonisierten – kamen die Russen nach der Oktoberrevolution mit einer radikalen Ideologie in die jeweiligen Regionen, die auch sie selber von Grund auf verwandelte – und die Kolonisierten gleich mit. Die christlichen und vor allem die muslimischen Kaukasier, wie die anderen Orientalen des Reiches, traf so zweifache Entfremdung: einmal durch die Russen als einer fremden Macht, zum zweiten durch den Marxismus als eine ganz neue und noch fremdere Staatsideologie. Wer weiß, wie sehr schon der »normale« Kolonialismus der westlichen Nationen in das Gefüge hoch entwickelter, außereuropäischer und alter Kulturen und Religionen eingegriffen hat, kann wohl ermessen, welchen Kahlschlag zusätzlich der Marxismus bewirkt hat. War die Unterdrückung durch den Zaren, die man selbstverständlich als Förderung des »Fortschritts« tarnte, bereits durchgreifend, so wurde sie in kommunistischer Zeit radikal in des Wortes wahrster Bedeutung, nämlich »an die Wurzel« gehend. Die Rechtfertigung bot der Kampf gegen den Feudalismus und die Religion, wobei es zu differenzieren gilt zwischen dem Vorgehen gegen das Christentum und den Islam. Beide Religionen wurden von den Moskauer Marxisten jeweils reziprok behandelt. Kämpften Lenin und Stalin nach der Machtergreifung und Etablierung der Sowjetmacht zunächst kompromißlos gegen die russisch-orthodoxe Kirche und Religion, die sie mit Marx als »Opium des Volkes« bezeichneten, so warben sie andererseits um den Islam, um seine Völker für sich und den Sozialismus zu gewinnen. Dabei spielten auch »bekehrte« Muslime wie Sultan Galijew, wie wir sahen, eine wichtige Rolle. Als Stalin dann im Krieg mit Hitler merkte, daß der religiöse Glaube den Patriotismus und die Siegeszuversicht der Russen, die man zu Sowjetmenschen hatte umschmelzen wollen, besonders stark stimulierte, durften wieder Kirchen geöffnet werden, näherte sich der Staat ein wenig der Kirche. Diese ordnete sich gänzlich unter und wurde zu einer Art kommunistischer Staatskirche. Dissidenten brachte sie nur wenige hervor. Das Werben um den Islam nahm hingegen immer mehr ab. Es gab schließlich, bevor die Reformpolitik Gorbatschows einsetze, nur eine Handvoll Moscheen, die überhaupt noch »arbeiten« durften in dem riesigen Sowjetreich. Überall im Land wurden muslimische Gebetsstätten in Ställe oder später Museen des Atheismus umgewandelt. Erst spät begann man, einige wertvolle bauliche Hinterlassenschaften des mittelalterlichen Islams in Mittelasien zu restaurieren. Neben den wenigen Muftis des Regimes, die das Lied der Partei sangen, existierte freilich, zumal unter den Muslimen des Kaukasus, immer der »Parallel-Islam« weiter. Die Sowjets hatten wohl niemals wirklich begriffen, daß muslimisch zu sein auch vieles andere bedeutet, als nur die religiösen Kundgebungen und Riten in der Öffentlichkeit zu vollziehen. Das Festhalten am Islam zeigte sich auch darin, daß die Muslime meistens kein Schweinefleisch aßen und keine Russen oder Russinnen heirateten. Dies galt für den Kaukasus ebenso wie für Mittelasien. Im übrigen starb das Bewußtsein, der weltumfassenden Umma oder Gemeinde des Islams anzugehören, niemals wirklich ab. Am verheerendsten wirkte sich die weitgehende Isolierung der sowjetischen Muslime von den großen Zentren der islamischen Gelehrsamkeit in Kairo, Damaskus oder im Irak aus, wozu auch das weitgehende Verbot des Haddsch gehörte, der Wallfahrt nach Mekka und Al-Medina in Saudi-Arabien. Dies traf die Muslime im Kaukasus und andernorts im Sowjetreich um so heftiger, als die Pilgerfahrt zu den fünf Pfeilern des Islams gehört, das heißt fester Bestandteil der Pflichtenlehre dieser Religion ist. Es ist bezeichnend, daß nach der Wende in der Sowjetunion eine Wiederbelebung gerade der muslimischen Wallfahrt einsetzte, des Haddsch ebenso wie der Umra oder »kleinen« Pilgerfahrt. Vor der sowjetischen Herrschaft waren die muslimischen Untertanen des Zaren etlichen Wellen der christlichen Missionierung ausgesetzt gewesen, doch war dieser Druck längst nicht so stark wie die unter den Kommunisten angestrebte gänzliche Religionslosigkeit. Vom Islam sollte, wenn überhaupt, nur noch ein kultureller Firnis übrigbleiben. Die ideologische Vorgabe lautete, daß die islamischen Völker im Sozialismus sozusagen das natürliche Ende ihrer Geschichte im Zeichen von Fortschritt und Emanzipation erlangt hätten. Diese Art von hegelianischer, dann marxistischer Geschichtsteleologie wurde auch von den Quislingen der jeweiligen Völker verbreitet, jenen »Einheimischen«, die hohe Stellungen errangen, vom Parteibonzen bis zum Präsidenten der jeweiligen Akademie der Wissenschaften. Teilweise geschah dies aus Gründen der Anpassung, des Opportunismus, teilweise aus Überzeugung. Da niemand in einen Menschen hineinschauen kann, bleibt es jedem selbst überlassen, wem er Absicht, wem nur Opportunismus unterstellt.

Doch was haben die sowjetischen Jahre den kaukasischen Völkern wirklich gebracht? Haben die sozialistischen Verheißungen alle getrogen? Im Westen konnte und kann man noch heute gelegentlich die Meinung hören, bei aller Unterdrückung und Unfreiheit hätten jene Völker doch durch die Sowjetherrschaft einen gewaltigen zivilisatorischen Sprung nach vorne gemacht. Diese Meinung ist nicht gänzlich falsch, bedarf jedoch, wie ich zeigen werde, kritischer Ergänzungen und Einwände. Auch Erziehungsdiktaturen nichtkommunistischer Art sind ja nicht immer ganz erfolglos in dem Bemühen, die Gesellschaft zu modernisieren. Doch um welchen Preis geschieht das?

Es ist gewiß nicht zu leugnen, daß im Sinne der Moderne positiv zu bewertende Entwicklungen durch die Russen eingeleitet wurden oder stattgefunden haben. Schon die Zaren begannen mit der Schaffung einer Infrastruktur, was später, als man die Elektrifizierung und Industrialisierung der Sowjetunion in den Mittelpunkt rückte, seine Fortsetzung fand. Auch ist sicher richtig, daß in einem Teil der sozusagen »exotischeren« Republiken, zu denen neben den mittelasiatischen auch die kaukasischen zählten, vieles unter einem eigenen Stern stand. Moskau war weit, was gelegentlich von Vorteil sein konnte für die Bewohner des »sowjetischen Orients«. Negativ ausgedrückt konnte es freilich auch bedeuten, daß die Korruption bisweilen von der Moskauer Zentrale ungestörter vonstatten gehen konnte. Was Lebensart und Lebensgenuß angeht, so waren die transkaukasischen Republiken in der Zeit nach dem Stalinismus hierfür ein guter Platz. Als Geheimtip galt Georgien mit seinen kachetischen Weinen und den sprichwörtlichen Gelagen. Die wenigen Journalisten aus dem Westen, die zu jener Zeit einmal in den Transkaukasus reisen konnten, berichten von einem oft abgehobenen Lebensgefühl, das in Moskau hier und da sogar Neid hervorrief.

Wir wollen einzelne wichtige Punkte herausgreifen und kritisch unter die Lupe nehmen. Dabei sollte nicht allein die heutige westliche Kultur als Maßstab der Beurteilung herangezogen werden, sondern auch die Vorstellung, daß autochthone Kulturen aus sich selbst heraus beurteilt werden können und dazu auch ein Anrecht haben.

Errungenschaften und ihre Einordnung

Erstens, durch die russische Herrschaft sind die kaukasischen Muslime (und nicht allein sie) sowohl unter den Zaren als auch unter den Kommunisten auf tief prägende Weise mit der Moderne konfrontiert worden. Innerhalb weniger Jahre oder Jahrzehnte fanden sie, zumindest in den Städten, Anschluß an modernes, zeitgenössisches Leben, an die Wissenschaft und ihre spezielle Art, die Welt zu sehen. Auch wurden sie über das Russische und dessen große Sprachkultur und Literatur mit den größten Werken dieser Nation und darüber hinaus ganz Europas und der Welt bekannt. Wenn heute dort auch die westliche Kunst bekannt ist und ein hohes Niveau erreicht hat, dann ist dies dem russisch-sowjetischen Einfluß zu verdanken.

Tatsächlich, es gibt heute kaum eine Gebietshauptstadt im ehemaligen Sowjetreich, die nicht eine Oper, ein Nationaltheater, ein Nationalmuseum, eine Nationalbibliothek und eine Akademie der Wissenschaften hätte. In Baku etwa wurde die Akademie der Wissenschaften schon um die Wende vom neunzehnten zum zwanzigsten Jahrhundert eingerichtet. Ist es also richtig, daß mit der Fremdherrschaft und Fremdbestimmung auch das Tor zur Moderne und zur russischen Hochkultur aufgestoßen wurde?

Wir haben gesehen, daß zum Beispiel die transkaukasischen Republiken alte Kulturländer sind, deren Wurzeln viel weiter zurückreichen als die Rußlands oder gar der Sowjetunion.

Wie anmaßend ist es doch, davon zu sprechen, man habe diesen Völkern die höhere Kultur gebracht, ohne deren Segnungen sie zurückgeblieben wären. Armenien hatte eine hochentwickelte, im Christentum wurzelnde Kultur, als noch viele Jahrhunderte an einen Staat Rußland überhaupt nicht zu denken war. Dasselbe gilt für Georgien. Und die Aserbaidschaner waren immerhin Teil der islamischen Hochzivilisation, die zu den Zeiten, da die Waräger gerade einmal erst aus Skandinavien in die russischen Weiten einwanderten, als es somit noch gar keine russische Kultur gab, einen kulturellen Hochstand und eine hochentwickelte Wissenschaft hervorgebracht hatte.

Doch selbst das Argument über die Einführung der Moderne stimmt nicht wirklich. So wurden, um nur dieses Beispiel zu nennen, Schriften von Karl Marx schon im Jahre 1880, das heißt drei Jahre vor seinem Tod, ins Armenische übersetzt. Damals war Lenin ganze zehn Jahre alt. Die Armenier brauchten keine Sowjetherrschaft, die sie mit der Moderne bekannt machte. Und auch für die Aserbaidschaner, die gewiß als Muslime dem Westen weniger zugewandt waren als die Georgier und Armenier, haben wir schon festgestellt, daß sie teilhatten an mannigfachen Bemühungen der islamischen Welt, sich zu öffnen und ihr Denken zu modernisieren. Die Bewegung des Dschadidismus hatte bei ihnen Fuß gefaßt und längst erste Früchte getragen, als die Bolschewiki die Herrschaft übernahmen. Die Moderne kam, wenn überhaupt, zunächst in Gestalt einer gigantischen kulturellen Überfremdung.

Zweitens, unter den Sowjets wurden Analphabetentum und das sogenannte reaktionäre Erbe in Bildung und Ausbildung beseitigt. Während vor der Revolution nur eine kleine Minderheit der jeweiligen Bevölkerung des Schreibens und Lesens kundig gewesen sei, habe die neue Sowjetmacht, jedenfalls in der Regel, die Völker alphabetisiert. Vor allem für die Frauen der muslimischen Völker sei dies ein enormer Gewinn an Bildung gewesen. Auch dadurch hätten die beherrschten Völker verstärkt Anteil an der Moderne nehmen können. Man führt dann die hohen Analphabetenraten in weiten Teilen der zeitgenössischen islamischen Welt an, die zum Teil wirklich erschreckend sind. So können im Jemen und in Afghanistan noch immer etwa achtzig bis neunzig Prozent der Bevölkerung nicht lesen und schreiben. Wirklich alphabetisiert im westlichen Wortsinn ist kein einziges islamisches Land.

Doch auch diese so zweifellos und unanfechtbar scheinenden Erfolgsmeldungen muß man korrigieren. Am sarkastischsten hat dies der englische Philosoph Bertrand Russell getan, der gewiß kein Feind der Aufklärung und Bildung war und sogar dem Experiment des Kommunismus in der Sowjetunion zunächst nicht ohne Sympathie begegnete. Er bereiste das Land im Jahre 1920. Danach schrieb er, ernüchtert vom Zwang der Alphabetisierungskampagne, es sei möglicherweise besser, den Menschen nicht das Lesen beizubringen, denn ihre Köpfe würden in der Sowjetunion doch nur mit vorgestanzter Ideologie und mit Lügen und Propaganda vollgestopft. Da sei es fast besser, nicht lesen zu können. Auch für den in der Literatur verordneten sozialistischen Realismus mit seiner verlogenen Proletarierverherrlichung hatte Russell nur Hohn und Spott übrig.

Gleichwohl kann man anerkennen, daß besonders unter den Muslimen der Platz und Rang der Frau in der Gesellschaft durch Bildung (und nicht nur durch sie) erheblich gehoben wurde, und zwar so sehr, daß sich niemand mehr im heutigen Kaukasien vorstellen kann, die Frauen könnten eines Tages wieder ganz hinter jenen anonymen schwarzen Schleiern verschwinden, denen Schriftgelehrte und Tradition anderswo in der Welt des Islams heute wieder so große Bedeutung beimessen. Diese Erfolge allerdings, die ja auch die westlichen Kolonialmächte durchaus für sich ins Feld führen können, dürfen angesichts des Rechtes auf Selbstbestimmung der Völker nicht länger zur Rechtfertigung für deren Beherrschung und Unterdrückung herangezogen werden.

Bleiben wir, drittens, noch ein wenig bei der Sprache. Wie die Kulturen, so sind auch die Sprachen hochentwickelte, sensible Geschöpfe des menschlichen Geistes. Die Sprache ist, wir wissen es seit Platons »Kratylos«, in mancher Hinsicht der Schlüssel zur Welt. Unter sowjetischer Herrschaft haben sich Akademien und Universitäten um die je einzelnen Sprachen der Titularnationen gekümmert, diese jedoch auch nach den Lehren des Marxismus behandelt und in entsprechender Weise verändert. Hinzu kam eine Sprachwissenschaft, die dem politischen Prinzip des »divide et impera« folgte. Bis heute ist zum Beispiel strittig, ob die vielen einzelnen Turksprachen, die im Sowjetreich in den dreißiger Jahren von Wissenschaftlern »geschaffen« wurden – es waren mindestens neunzehn –, überhaupt originäre Sprachen waren oder ob diese Schöpfungen lediglich die türkischen Völker stärker voneinander trennen und dadurch leichter beherrschbar machen sollten.

Diese Frage betrifft besonders Zentralasien, hat aber auch für den Kaukasus Relevanz. In Dagestan zum Beispiel ist Kumükisch eine wichtige »Turksprache«, doch verstehen sich Kumüken und

Aseri-Türken ohne nennenswerte Schwierigkeiten. Wieso also immer von eigenen Schriftsprachen sprechen, wenn es sich doch eher um Dialekte eines allgemein verständlichen türkischen Idioms handelt? Es gibt durchaus unterschiedliche und auch wissenschaftlich zu unterscheidende Turksprachen, aber muß man die Differenzierung so weit treiben, wie die sowjetische Wissenschaft das aus durchsichtigen Gründen getan hat?

Leitendes Prinzip in der Sprachpolitik war es, zum Beispiel die Aserbaidschaner von ihren Brüdern in der Türkischen Republik auch sprachlich stärker zu isolieren. Das Aseri-Türkisch gleicht den ostanatolischen Dialekten von Erzurum und wird ohne große Schwierigkeiten auch in Istanbul verstanden. Als Mustafa Kemal Atatürk, der Schöpfer der modernen säkularen Türkei, in seinem Lande 1928 die seit Jahrhunderten für das Türkische verwendete arabische Schrift abschaffte und durch ein Lateinalphabet ersetzte, schlossen sich auch die Aserbaidschaner an. Doch 1937 wurde verfügt, sie hätten wieder die kyrillische Schrift zu verwenden. Dies war ein Affront, der mit einem Schlage die Aseri-Türken wieder von ihren anatolischen Brüdern trennte. Seit dieser Zeit wurden alle Sprachen der asiatisch-orientalischen Untertanen Moskaus kyrillisch geschrieben. Nur die Armenier und die Georgier konnten ihre Schrift behalten und sie weiterhin offiziell verwenden, die Georgier also ihr Mchedruli-Alphabet und die Armenier jene vollkommene Schrift, die der Geistliche Mesrop Maschtoz für sie geschaffen hatte. Zwischen den Turkvölkern des Kaukasus und Mittelasiens wurde die schriftliche Kommunikation zusätzlich dadurch erschwert, daß man auch – je nach der Sprache – abweichende kyrillische Schreibungen einführte.

Was nun die Literatur angeht, die in all diesen Sprachen publiziert wurde, so stand sie stark unter dem Druck der russischen Sprache, vor allem jedoch der marxistischen Geschichtsteleologie. So mußten die Georgier »das Fortschrittliche« an Schota Rustawelis Dichtung herausarbeiten, ob sie nun wollten oder nicht, ob dies, in einem modernen Kontext betrachtet, überhaupt darin enthalten war. Ilja Tschawtschawadse hingegen, der große Erneuerer der georgischen Kultur am Ende des neunzehnten Jahrhunderts, verfiel der ideologischen Verdammnis. Ebenso hatten die Aserbaidschaner ihre Klassiker Nizami und Fuzuli »richtig« zu interpretieren. So gerieten die Großen der kaukasischen Literaturen ungewollt und ohne daß sie sich dagegen wehren konnten, zu Vorläufern von Marx, Engels, Lenin und schließlich Stalin. Das »Modeln« der Sprache und der Alphabete entlang den Leitlinien einer marxistischen Linguistik war um so erstaunlicher, als Stalin in seinem als epochal ausgegebenen Aufsatz über die »Fragen der Sprachwissenschaft« im Jahre 1950 das Phänomen der Sprache aus dem nach marxistisch-leninistischem Schema so genannten Überbau herausgenommen hatte. Aber da waren die pseudowissenschaftlichen Verbiegungen schon geschehen.

Die »nationale Selbstbestimmung«, ja sogar das Recht, den Staatsverband der Sowjetunion zu verlassen, hatte Verfassungsrang, stand jedoch nur auf dem Papier. Sie wurde, wie die Pflege der Nationalkultur, dem Streben nach der Schaffung eines Sowjetmenschen und dem ideologisch verordneten proletarischen Internationalismus untergeordnet, bisweilen geopfert. So war es für die Armenier unmöglich, den für ihr Verständnis als Nation entscheidenden Roman Franz Werfel »Die vierzig Tage des Musa Dagh« in armenischer Sprache zu lesen. Erst nach der Wende konnte dieser – wie schon berichtet – auch für die Geschichtsschreibung der Armenier und für die internationale Anerkennung des Genozids bedeutsame Roman in der Republik Armenien in der Muttersprache der Opfer und ihrer Nachkommen erscheinen.

Wie stark die Völker des Kaukasus unter dem russischen »divide et impera« und der damit verbundenen Entfremdung gelitten haben, kann von Außenstehenden gar nicht überschätzt werden. Wie tief muß dieses Gefühl der Demütigung sitzen, wenn ein Mann wie der georgische Präsident Schewardnadse in einem Gespräch mit der Journalistin und Schriftstellerin Naira Gelaschwili folgendes sagt: »Rußland muß auf seine traditionelle Politik in Transkaukasien für immer verzichten. Destabilisierung im Kaukasus bedeutet auch Destabilisierung für Rußland, das heißt, in Rußland können destruktive Prozesse in Gang gebracht werden, deren Wurzeln im Kaukasus liegen. Jeder ernsthafte Politiker weiß heute, daß Rußland andere

Länder nicht mehr mit den alten Methoden beeinflussen kann. Sie sind untragbar geworden. Die russische Spaltungspolitik im Kaukasus widerspricht den Interessen der großen Politik Rußlands. Ich halte Boris Jelzin für einen seriösen Politiker und bin überzeugt, daß seine Einstellung zu Georgien realistisch ist.«

Leider hat sich Schewardnadse getäuscht. Jelzins Politik beruhte auf denselben Spaltungsstrategien wie diejenige seiner Vorgänger.

Feudalismus und Bourgeoisie

Im Prozeß der revolutionären Umgestaltung blieben im Kaukasus jene Elemente auf der Strecke, die zuvor als »Stützen der Gesellschaft« aufgetreten waren. Sie galten jetzt als reaktionär, und in manchen Fällen waren sie es wohl auch. Systematische Umerziehung, Enteignung oder gar physische Liquidation führten zur Beseitigung der bis dahin herrschenden »Feudalisten«, aber auch einer Bourgeoisie, die sich – zum Beispiel in Aserbaidschan – recht eigentlich erst herauszubilden begann. Zwischen 1936 und 1938 wurde, um nur dieses Beispiel herauszugreifen, der gesamte georgische Adel und mit ihm große Teile des Bürgertums beseitigt. Soweit es den Islam betraf, verfuhr man mit der »Geistlichkeit«, das heißt den Imamen, Gebetsrufern, Theologen und deren Studenten, wie überhaupt den Repräsentanten des klassischen islamischen Milieus nicht anders. Als Imam, Hodscha, Emir, Effendi, Scheich oder Achund wird heute in Aserbaidschan, Dagestan oder Tschetschenien kaum jemand mehr angesprochen. Wer Religion und ihren Einfluß auf die Gesellschaft grundsätzlich ablehnt, mag dies als fortschrittlich empfinden. Doch zeigt sich heute, daß in dem Maße, in dem man das »traditionelle reaktionäre Establishment« beseitigte, den Völkern auch die Elite genommen wurde, wenigstens zu einem nicht geringen Teil. An die Stelle der alten, überlebten Herrschaftsstrukturen traten neue; den Platz der alten Mächtigen nahmen jetzt die Bonzen der Partei und des KGB ein, die das jeweilige Land nicht weniger selbstherrlich regierten und aussaugten. Gerade im Kaukasus wurde die Vetternwirtschaft in Verbindung mit der Korruption sprichwörtlich. Den meisten Russen aber blieb die Region immer fern und auch ein wenig unheimlich, um nicht zu sagen suspekt. Heute zeigt sich, daß eben jene Elite fehlt, die man in unseren Tagen so dringend brauchte. Diejenigen Kräfte, die bisher an den Hebeln der Macht, aber auch der Wirtschaft saßen, tun sich schwer mit der Umstellung auf die Erfordernisse der neuen Zeit, besonders im Wirtschaftsleben, das nun marktwirtschaftlichen Gesetzen gehorchen soll. Es verwundert da wenig, wenn diese mit schlichtem Schiebertum und Schlimmerem verwechselt werden. Die Nordkaukasier sind zudem benachteiligt, da sie keine Hilfe aus dem Ausland erhalten, während zum Beispiel die Armenier, aber auch die Aserbaidschaner auf eine beträchtliche Diaspora zurückgreifen können. Das ändert jedoch nichts daran, daß sich gerade die revolutionären Einschnitte verheerend auf die Eliten ausgewirkt haben. In den muslimischen Gebieten geht man jetzt erst wieder daran, so etwas wie eine gelehrte Kommunikation auf islamischer Grundlage aufzubauen, was angesichts des Kahlschlages auf dem Gebiet der religiösen Bildung und Ausbildung ein schwieriges Unterfangen ist. Da wird auch schon einmal etwas als islamisch ausgegeben, was es nicht ist; man beruft sich dann darauf, daß man es früher so gehandhabt habe.

Interessant ist in diesem Zusammenhang, daß die Chefideologen des Kremls dem Kampf gegen die Religion eine eigenwillige Interpretation unterlegten, wenn es darum ging, diesen zu rechtfertigen – etwa gegen Kritik aus dem Westen oder aus kirchlichen Kreisen im eigenen Land. Der Staat, so sagte man, sei in Sachen Religion neutral, wie jeder moderne Staat; nur die Partei, deren materialistisches Credo jeder kenne, bekämpfe die Religion. Den Angehörigen der Religionsgemeinschaften waren diese subtilen, um nicht zu sagen haarspalterischen Unterscheidungen und Rechtfertigungen gleichgültig. Sie beurteilten die Lage rein nach dem Ergebnis.

Schließlich muß man abermals erwähnen, daß im Zusammenhang mit den von Stalin verfügten Deportationen nach Mittelasien und Sibirien Tschetschenen, Inguschen, Tataren, Mescheten und mindestens weitere zehn Völker einen hohen und grausamen Blutzoll an Menschen zu bezahlen hatten, den ihnen niemand ersetzen kann. Wie sollte dies auch geschehen? Bis heute sind diese Massenverbrechen der Sowjetunion im Westen kaum bekannt, und auch die Russische Föderation hat noch nicht damit begonnen, sie in vollem Umfang kritisch zu sichten und aufzuarbeiten.

Die moderne Welt glaubt heute getreu dem Prinzip der Selbstbestimmung, daß es Sache der souveränen Staaten sowie vor allem der Völker und Nationen ist, ihre Gesellschaften zu modernisieren, und zwar auf eine Weise, die deren je eigenen Vorstellungen entspricht. Nur unter diesem herausragenden Gesichtspunkt kann heute die russische und sowjetischen Kolonisierung der kaukasischen Völker beurteilt werden. Daß damit auch mancher russischen Leistung auf den Feldern von Kultur und moderner Zivilisation irgendwie Unrecht getan wird, ist wohl wahr, doch das gilt auch für andere Formen von Fremdbestimmung und Kolonialismus in vielen anderen Teilen der Welt, das heißt für das, was der englische Dichter Rudyard Kipling ziemlich larmoyant als »des weißen Mannes Last« bezeichnet hat.

Fazit einer Überwältigung

Alles in allem kann man vielleicht folgendes Fazit der sowjetischen Epoche ziehen. Die kleinen Völker des nördlichen Kaukasus waren zu klein und zu schwach, um den Zaren auf Dauer wirksamen Widerstand entgegensetzen zu können, um wieviel weniger den Sowjets. In Transkaukasien war dies anders. Trotz der schwerwiegenden, oft zerstörerischen Veränderungen und Eingriffe, die wir erwähnt haben, konnten Armenier, Georgier und Aserbaidschaner – zusammen mit den jeweiligen ethnischen Minderheiten, die sie beherbergen – doch auch eine Art von Eigenleben bewahren, die jene vollständige Gleichschaltung, die anderswo im Sowjetreich zu beobachten war, verhinderte. »Sowohl das kulturelle wie auch das wirtschaftliche Leben dieser Republiken ist stark von den nationalen Verhältnissen geprägt und hat sich meist gegenüber zentralistischen Bestrebungen behaupten können«, schreibt der Rußlandkenner Johannes Grotzky. Mehr jedenfalls als bei anderen Völkern.

Dabei waren Georgien und Armenien – weniger das ölreiche Aserbaidschan – auch bekannt als jene Republiken, aus denen Gemüse und Südfrüchte auf die Märkte des riesigen Rußlands gelangten. Bis heute hat Transkaukasien seinen Charakter als Region vornehmlich der Landwirtschaft (mit industriellen Einsprengseln in den städtischen Ballungsräumen) nicht verloren. Armenien war und ist, was seine Industrialisierung betrifft, in der ungünstigsten Lage, es hat selbst wenig Rohstoffe und ist auf die Energiezufuhr von außen angewiesen, was immer wieder zu Konflikten selbst mit Georgien geführt hat. Auf dem Höhepunkt der Karabach-Krise der neunziger Jahre hätte der Energieboykott der Aseri die Armenier beinahe in die Knie gezwungen.

Insgesamt blieben sich Russen und Kaukasier während der siebzig Jahre kommunistischer Herrschaft immer ein wenig fremd. Das Gefühl des Andersseins bestimmte das Klima bis in die letzten Tage der Sowjetunion hinein. Daran änderte wenig, daß prominente Kaukasier in der Sowjetunion sogar eine Rolle spielten, der Armenier Anastas Mikojan zum Beispiel als Staatsoberhaupt in den sechziger Jahren, der Aserbaidschaner Gajdar Alijew im KGB und im Politbüro, zuletzt der Georgier Eduard Schewardnadse oder, über allen, der Georgier Stalin. Es fällt auf, daß unter den schlimmsten »Säuberern« der Stalinzeit nicht wenige Kaukasier waren. Dies hatte wohl auch mit jenen seelischen Verheerungen zu tun, die jede radikale und militante Ideologie anrichten kann, wenn sie Menschen aus ihrer bisherigen geistig-kulturellen Umgebung unter dem Vorwand von »Emanzipation« herausreißt.

Die Tschetschenen vollends galten den Russen immer als etwas unheimlich, als ganz anders, kurz als »die Schwarzen«. Und in den Bergen der Tschetschnja hatte die Sowjetherrschaft immer für Unbehagen und Unruhe gesorgt. Niemand war besonders erstaunt, daß ein Mann mit nur durchschnittlichem Charisma wie Dudajew so leichtes Spiel hatte, die Tschetschenen unter dem Banner der nationalen Selbstbestimmung um sich zu scharen. Es bedurfte nur des Appells an eine Vergangenheit, die längst nicht vergangen war, an Entfremdungserscheinungen nationaler, kultureller und religiöser Natur, um eine Wiederkehr der Geschichte ins Werk zu setzen.

Russen und Tschetschenen scheinen heute wieder da angekommen zu sein, wo sie im Jahre 1859, als Schamil kapitulierte, schon einmal waren. »Warum ist diese, die tschetschenische Gesellschaft so krank?«, fragte der Korrespondent der Frankfurter Allgemeinen Zeitung Markus Wehner nach einem seiner Besuche in Grosnyj und Nazran. Die Antwort kann nur lauten: Die Sowjetherrschaft hat in diesen Regionen das Unterste zuoberst gekehrt, abrupt eine eigenständige evolutionäre Entwicklung zum Stillstand gebracht, ohne die durch die Ideologie Traktierten wirklich für sich gewinnen zu können. Die Kaukasier sitzen heute zwischen allen Stühlen. Und nur wenn sie untereinander einig sind, werden sie sich gegenüber dem russischen Druck behaupten können. So nimmt es nicht wunder, daß in letzter Zeit wieder Ideen an Boden gewonnen haben, welche die drei Länder Transkaukasiens zu umfassender, friedlicher Kooperation bewegen wollen, zu einer Gemeinschaft gar. Im Ansatz ist das gewiß eine richtige Vorstellung, deren Verwirklichung allerdings an der Zahl ungelöster Konflikte scheitert.

Im Unterschied zu früheren Epochen sind heute jedoch jene Restbestände von Ritterlichkeit verschwunden, mit denen sich die damaligen Feinde immerhin noch gegenübertraten. So wenig die früheren Waffengänge die Schwierigkeiten lösten, sondern, wie wir heute wissen, neue, vielleicht gänzlich irreparable schufen, so wenig wird auch die jüngste Schlächterei in Tschetschenien all jene Probleme beseitigen, welche die kaukasischen Völker und die Russen miteinander haben. Über das Experiment der Sowjetunion und über den »Erfolg« des Kommunismus schrieb einer seiner unzähligen westlichen Sympathisanten im Jahre 1937 schon folgende ernüchternde Sätze: »Die UdSSR ist nicht das, was wir hofften, daß sie sein würde, was zu sein sie versprochen hatte und was sie noch zu scheinen sucht. Sie hat all unsere Hoffnungen verraten.« Es war André Gide.

Ausblick

Zwischen Krieg und Frieden – Wie weiter im Kaukasus?

Wir haben in den vorangegangenen Kapiteln gesehen, daß die Großregion des Kaukasus seit mehr als zehn Jahren von einer übergreifenden politischen Unruhe, von einer nationalen bis nationalistischen Unrast erfaßt ist, die trotz der tschetschenischen Niederlage im jüngsten Krieg mit Moskau fortdauern wird. Dafür spricht schon, daß die sporadischen Kämpfe und Attacken im Süden Tschetscheniens weitergehen. Rußland und sein neuer Präsident Wladimir Putin haben ihr grausames Vorgehen gegen die tschetschenischen Rebellen und die Zivilbevölkerung als eindeutiges Zeichen, vor allem jedoch als drastische Drohung an alle Völker des Kaukasus verstanden sehen wollen: Aufruhr und Gewalt lohnen sich nicht. Moskau, so lautet die Botschaft, wird nicht zulassen, daß jener Traum wahr wird, den besonders die Nationalisten und Islamisten unter den im Kaukasus lebenden Völkern als machbare Utopie entworfen haben – die gänzliche Befreiung vom russischen Joch im Rahmen des kolonialen Kehraus, den das zwanzigste Jahrhundert zu großen Stücken schon erlebt hat.

Doch wenn dem so ist, wenn der Kreml dies so meint, wie soll dann eine gemeinsame Zukunft mit all diesen Völkern aussehen? Ist es überhaupt denkbar, daß die Kaukasier jetzt und später so einfach auf ihre politischen Optionen verzichten? Werden sie denn nicht versuchen, auf andere Weise ihr Ziel zu erreichen, wenn der Weg des Krieges einstweilen nur geringe Aussichten auf Erfolg bietet? Und welche anderen Möglichkeiten könnten dies dann sein? Zusätzlich und umgekehrt gefragt, was sind die Möglichkeiten der Russen, all jene Probleme zu lösen, die sich ihnen seit dem Ende der achtziger Jahre im Kaukasus – und ja nicht nur dort – massiv in den Weg gestellt haben?

Wir werden sehen, daß es auf fast alle diese Fragen keine eindeutigen Antworten gibt, gar nicht geben kann. Der Grund dafür sind weniger die spezifischen Bedingungen dieser Region, sondern ist das Wesen der Geschichte selbst. Wenn uns der Zusammenbruch der Ideologien eine stimmige Lehre erteilt hat, dann die, daß es keine ewig gültigen Gesetze der Geschichte gibt, die eine treffende Vorhersage des »Ganges der Weltgeschichte«, wie der große englische Geschichtsphilosoph Arnold Toynbee die Kette menschlicher Handlungen genannt hat, ermöglichen. Noch Lenin wurde durch die marxistische Ideologie zu der Meinung verführt, jede Köchin könne Politik und damit Geschichte machen, und zwar wie aus einem Kochbuch. Heute wissen wir: Solche Rezepte, gar einfache, gibt es nicht. Überhaupt ist ja in einem Zeitalter, in dem alle früheren philosophischen und religiösen Gewißheiten zerbrochen sind, auch der Rang der Geschichte abgesunken. Sie hat vieles von jenem Stolz verloren, den ihr ein Hegel und andere in seiner Nachfolge noch zugebilligt hatten. Die gescheiterten Ideologien des zwanzigsten Jahrhunderts sind ja weniger die Schöpfungen bestimmter Männer und Politiker, Hitlers, Lenins oder Stalins, als vielmehr Karikatur und Nachhall der Hegelschen Philosophie. Und sosehr man vielleicht Hegel für seinen Versuch, die Geschichte teleologisch aus einem Guß zu verstehen, bewundern kann, so sehr muß man doch daran festhalten, daß wohl sein großer Antipode, der originelle Geschichtsdenker Theodor Lessing, mit seiner These von der Geschichte als einer »Sinngebung des Sinnlosen« in vielem Recht behalten hat. Freilich hieß das bei ihm nicht, auf die Deutung der Geschichte für ewig und alle Zeiten zu verzichten, sondern nur, sich immer wieder eingedenk zu sein, daß es eben Auslegungen sind, die nicht den Erkenntnisrang und die Erkenntnisgewißheit etwa der empirischen Naturwissenschaften haben.

Als erkennendes Wesen wird der Mensch immer auf solche Deutungen der Geschichte angewiesen sein, und auch auf die Versuchung, möglichst viel von der Zukunft vorherzusagen. Unterhalb des Horizonts der Gewißheit, die hier unmöglich ist, bleibt die Methode der gründlichen Sammlung und Beschreibung der wichtigsten Fakten sowie der Versuch, auf der Grundlage der

Analogie Ähnlichkeiten und Parallelen zu erkennen, um aus ihnen jeweils Schlüsse zu ziehen. Mehr kann Geschichtsdeutung für die Zukunft gar nicht leisten. Und zu bedenken bleibt, daß eine Analogie keinesfalls die exakte Wiederholung der Geschichte, ja nicht einmal einzelner ihrer Stränge ist. So wollen wir am Ende unseres Weges durch die bewegte historische Landschaft des Kaukasus, durch eine historische Gegend ohnegleichen, mögliche Entwicklungen andeuten, die sich auf das Prinzip der Analogie gründen.

Doch zunächst einmal will ich beschreiben, wie sich die Russische Föderation in diesem Augenblick darstellt. Welches ist gegenwärtig ihr Platz in der Gemeinschaft der Völker? Ist sie nicht so sehr mit sich beschäftigt, daß man umfassende Pläne und Visionen für eine multiethnische und multireligiöse Zukunft noch gar nicht erwarten kann?

Wir müssen heute in Rußland eine Macht sehen, die mit sich zutiefst in einem Zwiespalt lebt. Mit der von Michail Gorbatschow ermöglichten Wende, die ihm bei vielen seiner Landsleute bis heute wenig Sympathien eingebracht hat, ist Rußland einstweilen als Weltmacht abgetreten. Ja, mehr noch: Der Kreml büßte jenes Glacis ein, das ihm Stalin durch seinen Sieg im Großen Vaterländischen Krieg über Hitler und die Nationalsozialisten in Ost- und Mitteleuropa verschafft hatte, in Gestalt jener Länder, die vierzig Jahre lang als seine europäischen Satelliten angesehen werden konnten. Einen ähnlichen Schutzwall verlor Moskau in Zentralasien, wenn dies vielleicht für seine Sicherheit auch nicht so wichtig gewesen sein mag. Viele Russen leben mit dem Trauma, daß ihr Land in den vergangenen Jahrhunderten vornehmlich von Westen angegriffen wurde, zuletzt von der Wehrmacht Hitlers, davor von Napoleon. Man kann das Ende der Sowjetunion und ihres ehemaligen Imperiums auch als ein »Ende von Jalta« deuten. Vor diesem Hintergrund läßt sich auch verstehen, daß Moskau nicht noch ein drittes strategisch wichtiges Gebiet, eben jenes im Kaukasus, aufgeben möchte, zumal es sich hier – wie auch in Mittelasien – um islamische Völker handelt, die verstärkt versuchen, ihre vormals guten Verbindungen und Beziehungen zur Umma, der allumfassenden Gemeinde des Islams, in vollem Umfang wieder herzustellen. Auch in seiner nicht-fundamentalistischen Form weckt der Islam, sei dies begründet oder nicht, alte bedrohliche Erinnerungen. Ideologen in Moskau wissen dies sehr wohl und nutzen es aus. Für sie sind alle Muslime Fundamentalisten.

Der Verlust der Weltgeltung zugunsten der Vereinigten Staaten von Amerika als der allein verbliebenen Weltmacht konstituiert zunächst einmal Rußlands neue Rolle im beginnenden einundzwanzigsten Jahrhundert. Er war verbunden mit einer rapiden Verarmung breiter Schichten der Bevölkerung, gleichzeitig aber auch mit einer gesellschaftlichen Öffnung und Demokratisierung, die freilich noch lange nicht den westlichen Standard erreicht hat. Das neue Rußland ist auf seine Weise noch immer autokratisch, trotz der Existenz eines Parlaments, der Duma, und der Gründung von Parteien. Es ist eine abgemilderte Autokratie, mit einem Präsidenten, dessen Stellung sehr stark ist. Die demokratischen Strukturen sind völlig unterentwickelt, die Rechtsstaatlichkeit steckt erst in ihren Anfängen. In letzter Zeit wurde die Meinung vertreten, Putin werde – zum Beispiel auf dem Feld der Pressefreiheit – einen restriktiveren Kurs befürworten als sein Vorgänger Jelzin. Einflußreich ist neben dem Präsidenten eine Oligarchie von Finanzmagnaten und »Großkaufleuten«, für die stellvertretend der Name Beresowskij genannt sein mag. Das Netz ihrer Beziehungen hat fließende Grenzen zu dunklen Geschäftemachern, ja zu einer Mafia, die seit der welthistorischen Wende immer wieder einmal von sich reden macht. Viele sprechen offen davon, Rußland befinde sich in den Fängen dieser zweifelhaften Finanzoligarchie, die zwei Drittel des Volksvermögens kontrolliere. Das neue, das »demokratische«, in vielem schlicht nur chaotische Rußland zeigt somit alle Merkmale eines unübersichtlichen und labilen politischen und wirtschaftlichen Systems im Übergang, in dem eine große Unsicherheit des Alltags und massive Bereicherung durch einige Privilegierte an der Tagesordnung sind, vergleichbar vielleicht mit der Unsicherheit und weitgehenden Rechtlosigkeit im amerikanischen Westen zur Zeit der Pioniere.

Die Bevölkerung, soweit sie nicht zu den Wendegewinnlern gehört, befindet sich ebenfalls in einem großen Zwiespalt. Den

Zuwachs an individueller Freiheit vermag sie angesichts der weltpolitischen Demütigung ihres einstmals so starken Landes und wegen des wirtschaftlichen Desasters oft wenig zu schätzen. Der Stolz der Russen insgesamt ist in der letzten Dekade des zwanzigsten Jahrhunderts allzu sehr verletzt worden, wozu auch noch die klägliche Niederlage im ersten Tschetschenienkrieg beigetragen hat. Überhaupt gehört die Armee zu jenen Faktoren im Staat, die noch immer weitaus wichtiger sind als andere, was einen der Hauptunterschiede zu den entwickelten Demokratien des Westens darstellt. Dort wird das Militär immer unwichtiger, verwandeln sich Armeen von Wehrpflichtigen in Berufsarmeen, die weniger kosten und effektiver zu sein scheinen. Das Militär in Rußland hingegen will seine Stellung festigen und hat dies besonders durch den zweiten Krieg in Tschetschenien erreicht. Insgesamt ist die stolze Rote Armee, einstmals von Leo Trotzkij gegründet, heruntergekommen und abgewirtschaftet in einem Ausmaß, wie man es sich in der Ära Gorbatschow gewiß noch nicht vorstellen konnte. Das Leben der einfachen Soldaten ist sicher besser als zu Zeiten, da man gegen Schamil zu Felde zog, doch verglichen mit den Rechten und Ansprüchen westlicher Soldaten sind die im Kaukasus eingesetzten Achtzehn- bis Zwanzigjährigen beinahe rechtlos. Das beginnt schon damit, daß sie wenigstens die Hälfte ihres ohnehin kärglichen Solds an die Offiziere abgeben müssen.

So wird deutlich, in welchem Maße Enttäuschung und Scheitern die Stellung des heutigen Rußlands im Prozeß seiner Transformation bestimmen und warum man diesen letzten Krieg mit so verbissener Wut geführt hat. Auch schien es so, als habe das Land eine gewiße Lethargie überwunden, die in den zehn Jahren davor geherrscht hatte. Der Westen hatte wohl damit gerechnet, daß er noch einige Zeit auf ein Rußland der Unsicherheit bauen könne, war er doch nicht hellhörig genug gewesen, um aus Andeutungen über eine Radikalisierung des Kurses, wie sie der russische Außenminister Andrej Kosyrew schon Mitte der neunziger Jahre gemacht hatte, die richtigen Schlüsse zu ziehen. Kosyrew hatte damals aus Anlaß eines Besuches im Westen gemeint, der Wind aus Moskau könne sich wieder einmal drehen, wenn die Demütigungen zu weit gingen. In den westlichen Hauptstädten hatte man zu jener Zeit gerätselt, was solcherart »Drohungen«, die man von einem relativ verbindlichen Mann wie Kosyrew kaum erwartet hatte, bedeuten sollten. Der zweite Tschetschenienkrieg gab die Antwort. Moskau blieb den Ermahnungen des Westens und der Vereinten Nationen gegenüber weitgehend taub. Und allzu energisch waren diese ohnehin nicht.

Den Politikern des Westens ist klar, daß die ökonomische und politische Krise Rußlands nur die eine Seite der Medaille ist. Die andere ist die, daß dieses riesige Land auch nach dem Ende des Sowjetimperiums eine Großmacht bleiben wird, eines der wichtigen politischen Zentren der modernen Welt, erst recht, wenn einmal dauerhafte und stabile Strukturen eingekehrt sein werden, mag dies auch noch eine geraume Zeit dauern. Ein Land von dieser Größe, das auch mit Bodenschätzen so reich gesegnet ist, bleibt potentiell eine Großmacht und kann, auch ohne totalitäre Ideologie, wieder eine Weltmacht werden. Zwar ist die politische Bipolarität, welche die zweite Hälfte des vorigen Jahrhunderts beherrscht hat, in der Tat an ein Ende gelangt, doch in der multipolaren Welt des neuen Jahrhunderts wird die Russische Föderation einen wesentlichen Machtanteil zurückgewinnen und verwalten. Das wissen außer den Amerikanern und Chinesen natürlich auch die Europäer, die sich selbst anschicken, in Gestalt der Europäischen Union eine Großmacht zwischen Amerika und Rußland zu werden. Vieles, was während der Tschetschenien-Krise am Verhalten der Europäer zu kritisieren war, erklärt sich aus der Rücksicht, die man der Großmacht Rußland nach wie vor zu schulden glaubte. Rußland sei »einzubinden«, war immer wieder zu hören gewesen, Rußland dürfe nicht »ausgegrenzt« werden, wenn man dort nicht noch ganz andere, national-konservative oder gar faschistische Kräfte wecken wolle. So war man zurückhaltend gegenüber dem wegen seiner Trunksucht und seiner Eskapaden mehr und mehr untragbar gewordenen Jelzin und ist es auch gegenüber Putin. Nicht der geringste Teil der nach wie vor starken politischen Stellung Rußlands hat natürlich auch damit zu tun, daß das Land noch immer Nuklearmacht ist. Die Verfügungsgewalt über die atomaren Sprengköpfe ist ein gewaltiges Droh- und Druckmittel, das jenseits aller Diplomatie in der Sphäre der reinen Machtpolitik unausgesprochen seinen Einfluß entfaltet. Und natürlich wissen das auch all jene Völker, die, wie die Kaukasier, um ihre Unabhängigkeit und Freiheit ringen.

Drei Szenarien für den Kaukasus

Doch was bedeutet dies alles nun für unsere Problemregion? Mehrere Szenarien sind denkbar. Erstens: Ein wieder erstarkendes Rußland tut so, als sei gar nichts gewesen. Im Bewußtsein vor allem seiner militärischen Überlegenheit über die kleinen Völker des Kaukasus und auch der atomaren Stärke verweigert es jedes Zugeständnis. Alle Versuche von außen, den Kreml zu einem »weichen«, rational ausgewogenen Kurs gegenüber der Südregion zu bewegen, werden als ungerechtfertigte Einmischung zurückgewiesen. Noch nicht einmal der Status quo ante, das heißt jene faktische Unabhängigkeit Tschetscheniens bei strukturellem Verbleib innerhalb der Russischen Föderation, wie sie 1996/97 immerhin zugestanden worden war, wird wieder hergestellt. Alle anderen Kaukasier des Nordens müssen sich dem Diktat fügen, ihre Freiheitsregungen werden fortan schon im Keim erstickt und können sich gar nicht erst in gleicher Weise wie bei den Tschetschenen entfalten. In den drei transkaukasischen Republiken ändert sich nichts, Moskau macht die sprichwörtliche gute Miene zum bösen Spiel und versucht, mittels seiner Truppen, die es in Georgien und Armenien unterhält, so viel Druck und Einfluß wie möglich auszuüben. Ihnen gegenüber verfährt der Kreml schon deshalb so, weil diese Länder Schutz im Westen suchen, sogar, wie das in Georgien der Fall ist, unter dem Dach der Nato.

Putin wird versucht sein, dieses Szenarium durchzusetzen. Erste Andeutungen weisen in diese Richtung. Er weiß, daß solches Denken, erst recht nach diesem Krieg, populär ist in Rußland. Und er weiß, daß der Westen außer zu ermahnen, die Menschenrechte einzuhalten und die Herrschaft zum Beispiel über Tschetschenien zu lockern, wenig tun wird. Auch der militärische Erfolg, der freilich erhebliche Verluste kostete und auch nicht eindeutig ist, könnte ihn zu solchem Verhalten zwingen. Zeigte Putin Nachsicht gegenüber den Tschetschenen, gälte er den eigenen Landsleuten als Schwächling und Verräter an der eigenen Sache und Taktik. Militärisch hat Rußland die Macht, jederzeit denselben Feuersturm in Gang zu setzen wie seit dem Spätsommer des Jahres 1999.

Die Tschetschenen liegen gegenwärtig am Boden. Sowohl militärisch als auch politisch sind sie der Großmacht Rußland, macht diese nur weiterhin Ernst, nicht gewachsen. Die Zahl ihrer Kämpfer ist dezimiert, die Ölquellen des Landes sind fürs erste unbrauchbar geworden. Auch die befreundete islamische Welt hat sich insgesamt, trotz aller Sympathie und Unterstützung für diese neuen Mudschahedin, als unfähig zu einer substantiellen Hilfe erwiesen. Doch was zunächst günstig für die Russen auszusehen scheint, öffnet in Wirklichkeit den Blick in eine düstere Zukunft. Denn die Tschetschenen, allen voran ihre Aktivisten, werden ihre terroristischen und im Untergrund organisierten Strukturen reaktivieren oder verstärken, um die Russen zu treffen, wo es nur geht. Diese würden dann gerade damit konfrontiert, was sie durch den letzten Krieg verhindern wollten, denn offiziell ging es dabei doch vor allem um den Kampf gegen den islamischen Terrorismus. Es ist nicht ausgeschlossen, daß wir in Zukunft auch auf dem Gebiet der Russischen Föderation jene Flugzeugentführungen und Geiselnahmen erleben werden, wie sie dreißig Jahre lang für den Nahen Osten, die Auseinandersetzung zwischen Israel und den Palästinensern, charakteristisch gewesen waren. Daß die Tschetschenen in der Taktik der Geiselnahme großes Geschick besitzen, haben sie bereits zur Genüge gezeigt. Auf diesem Feld, das heißt der Organisation von Anschlägen, Entführungen und spektakulären Geiselnahmen, könnte sich auch eine »islamische Unterstützung« am effektivsten gestalten. An Kandidaten für eine Fernunterstützung der Tschetschenen (oder auch anderer entschlossener Kaukasier) mit Geld oder Rat und Tat herrscht in der islamischen Welt ja kein Mangel: Saudi-Arabien, die Taliban in Afghanistan, die Islamische Republik Iran, die Hizbullah (»Partei Gottes«) im Libanon, die Hamas in Palästina und so fort. Putin wäre somit gut beraten, wenn er dieses

Szenarium nicht in die Tat umsetzte und den Tschetschenen zunächst ein Stück weit entgegenkäme. Ein beständiges Terrorismus-Fieber nach Art der Palästinensischen Befreiungsorganisation (PLO) kann er weder sich noch seinem Land ernsthaft wünschen. Es stimmt deshalb bedenklich, daß der Kreml Ende Mai zweimal offen die Taliban in Kabul mit Krieg bedrohte für den Fall, daß sie ihre Unterstützung für die tschetschenischen Mudschahedin nicht einstellten. Wie ernst solche Drohungen gemeint sind, ist angesichts des Desasters, das der von 1979 bis 1989 dauernde Afghanistankrieg für die Sowjetunion bedeutet hatte, schwer zu sagen; doch daß diese Drohungen von einer Großmacht ausgestoßen wurden, spricht eine beredte Sprache. Verbindungen zwischen den unbereinigten Konflikten Kaukasiens und der Situation in Mittelasien könnten in der Tat in einer nicht besonders fernen Zukunft neue Krisenherde schaffen.

Ein zweites Szenarium ist noch viel düsterer. In ihm spielt der Kaukasus nur eine Rolle in einem großstrategischen Gefüge, das an sowjetische Nostalgie anzuknüpfen bereit ist. Dieses Szenarium wird von einer außenpolitischen Denkschule in Moskau durchaus vertreten, wenn auch mehr unter der Hand. Es wäre geeignet, Machtaspirationen der Armee (zumindest mancher ihrer Führer), der Rechtsnationalisten nach dem Muster Wladimir Schirinowskijs und auch der (Alt-)Kommunisten zu bündeln. In ihm böte sich am klarsten die Analogie zur zaristischen Autokratie, das heißt der Wille, nicht nur den augenblicklichen Besitzstand mit Härte zu wahren, sondern ihn wieder zu vergrößern. Diese außenpolitische Denkschule vertritt nämlich die Meinung, Rußland werde erst dann wieder eine Großmacht sein, die der Westen und vor allem die Amerikaner ernst nähmen, wenn es wieder die frühere Stärke und territoriale Ausdehnung der Sowjetunion erlange. Mit anderen Worten: Diese Schule propagiert die Rückeroberung oder doch Rückgewinnung der Länder, die heute der GUS angehören, der Gemeinschaft Unabhängiger Staaten. Das sind nicht mehr und nicht weniger als jene ehemaligen Sowjetrepubliken, die sich selbständig gemacht haben. Man sieht, der Kaukasus wäre da nur ein untergeordneter Fall, der Nordkaukasus ohnehin, da dort bis zum heutigen Tag niemand die Unabhängigkeit errungen hat.

Man sage nicht, ein solches Vorgehen sei angesichts der internationalen politischen Organisationen und Sicherheitsmechanismen unmöglich. Es erscheint zum gegenwärtigen Zeitpunkt zwar unwahrscheinlich, ausgeschlossen ist es aber nicht. Die Politik zum Beispiel der transkaukasischen Republiken beruht zu einem nicht geringen Teil gerade auf der Furcht davor. Sie sichern sich durch ein Geflecht von Beziehungen ab, dessen Schwerpunkt und künftiges Ziel eine möglichst große Annäherung an Europa und die Einbindung in dessen Strukturen sein soll (Nato, Assoziation an die EU). Besonders aktiv sind in dieser Hinsicht Georgien und Aserbaidschan. In Armenien neigt man vielleicht ein wenig mehr dazu, die Russen in dieses Geflecht mit einzubeziehen, da man besonders in dem westlichen Nachbarn Türkei eine traditionell bedrohliche Macht sieht. Die Gründe dafür sind geschildert worden. Sowohl in Armenien als auch in Georgien sind noch Tausende russische Soldaten stationiert, und die Georgier haben die Rolle noch nicht vergessen, welche die russische Armee bei den Aufständen und Kriegen in Abchasien und Ossetien gespielt hat. Während der Tschetschenien-Krisen fühlte sich Georgien besonders gefährdet, weil es unmittelbar an Tschetschenien und Inguschetien angrenzt und mit seinem Territorium, das im Norden recht unzugänglich ist, den tschetschenischen Flüchtlingen einen idealen Rückzugsraum bot. Jeder Besuch eines westlichen Staatsmannes, wie etwa der des Bundeskanzlers Schröder in Georgien Anfang April 2000, wird von den Politikern und Bewohnern dieser Republiken zwar als eine Art politischer Versicherung wahrgenommen. Indessen: Man frage sich einmal, ob selbst die Amerikaner einen großen Krieg mit Rußland riskieren würden, falls dessen Truppen in Aserbaidschan einmarschierten, um die unabhängige Republik wieder – zum Beispiel wegen des Öls und der Verbindungswege – an das »Mutterland« anzuschließen. Allerdings müßte ein derart aggressives Rußland erst recht mit einem Erstarken des kaukasischen Nationalismus, islamischen Integrismus und vor allem Terrorismus rechnen. So wäre die Verwirklichung dieses übelsten aller Szenarien wohl nur möglich, wenn sich die Russische Föderation gänzlich rückwärts bewegte, das heißt von schwieriger, aber doch gewollter Demokratie zurück zu Autokratie, Totalitarismus und extremem Nationalismus. Der Preis dafür wäre am Ende doch zu hoch: ein Ausscheren aus dem generellen Entwicklungsrahmen eines sich demokratisierenden, pluralistisch werdenden größeren Europas, das in den eurasischen Raum ausgreift und ja sogar die Türkei umfassen soll, ein Land, das nicht autochthon europäisch ist. Rußland, die Heimat eines Dostojewskij und Tolstoj, eines Puschkin, Tschechow und Mendelejew, eines Tschaikowskij und Rachmaninow, würde zu einem Dinosaurier der modernen Welt. Dies kann nicht das Ziel eines Mannes wie Putin sein.

Das dritte Szenarium ist das sympathischste, aber vielleicht am wenigsten wahrscheinliche. Doch wir wollen mit Vorhersagen zurückhaltend sein. Ich möchte diese Lösung das »Tatarstan-Modell« nennen. Warum? Tatarstan, jenes politische Gebilde östlich von Moskau an der Wolga gelegen, dessen Bevölkerung mehrheitlich von Tataren gebildet wird, könnte so etwas wie ein Muster abgeben, wie sich Beziehungen zwischen dem Kreml und einem oder mehreren kleinen islamischen Völkern gestalten lassen. In der Hauptstadt Kasan ist man heute recht zufrieden mit dem Status einer weitgehenden Autonomie, die beide Seiten befriedigt. Die tatarische und russische Bevölkerung regelt ihr Leben weitgehend in eigener Regie, gleichwohl ist die kleine Republik Bestandteil der Russischen Föderation, die für Außenpolitik und Verteidigung zuständig ist. Den Tataren ist dieses Modell einer sehr lockeren Bindung an Moskau und Einbindung in die Föderation gut bekommen, man lebt dort besser als in Moskau und Sankt Petersburg. Viele Moskauer wären froh, hätten sie den Lebensstandard, den man im kleinen Tatarstan antrifft. Die islamische Religion kann dort praktiziert werden, es gibt unter den jungen Kasan-Tataren sogar eine durchaus nennenswerte Rückbesinnung auf alte Traditionen und Werte, ohne daß dies in ein unkontrolliertes Eiferertum ausartete. Der Präsident Tatarstans, Schaimijew, arbeitet mit Moskau eng zusammen, doch niemand wird ihm Selbstbewußtsein und eigenständiges Handeln absprechen.

Ist ein solches Modell in den Kaukasus zu übertragen, besonders nach Tschetschenien, wo sich ja seit alters her der stärkste Widerstand gegen die russische Zentralgewalt regt? Die Republik Tatarstan unterscheidet sich durch einige wesentliche Merkmale von Regionen wie Tschetschenien oder dem Nordkaukasus insgesamt. Wir haben gesehen, daß die Muslime von Kasan schon vor 450 Jahren unter die Herrschaft der Russen gerieten und seitdem dort verblieben. Dies ist eine lange Zeit. Sie macht beinahe die Hälfte jener Zeit aus, die das Russische Reich überhaupt bestand. Trotz anfänglicher Widerstände wurden die Tataren von Kasan in ganz anderer Weise »eingemeindet«, so daß sie im neunzehnten Jahrhundert als normaler, allgemein integrierter Bestandteil des Zarenreiches galten. Ganz im Gegensatz zu den außerhalb Rußlands verbreiteten Bildern über die Tataren, standen sie in dem Ruf einer ungewöhnlichen Ehrlichkeit und Loyalität. Nicht von ungefähr beschäftigten viele russische Gutsbesitzer, wie wir auch der Literatur entnehmen können, Tataren als persönliche Diener, als Kutscher oder sonstwie dienstbare Geister. Und dies schon zu einer Zeit, da man die Muslime des Kaukasus und erst recht diejenigen Mittelasiens mit Gewalt unter das Joch des Zaren zwang. »Die Tataren galten als zuverlässig und treu«, schreibt der britische Literaturwissenschaftler Ronald Hingley in seinem Werk »Von Puschkin bis Tolstoj«: »Manche (englische) Sprichwörter schreiben den Tataren Grausamkeit zu, doch waren die Tataren im Rußland des neunzehnten Jahrhunderts bekannt dafür, daß sie nicht tranken, häusliche Tugenden besaßen, und sich eher damit beschäftigten, friedlich ihre Äcker zu bebauen, als anderen Leuten die Kehle durchzuschneiden«. Die Tschetschenen hingegen galten und gelten den Russen bis heute als »die stärksten Mohammedaner des Kaukasus«.

Man sieht, der Unterschied ihrer Geschichte und Mentalität könnte größer nicht sein. Und noch eine andere Differenz gilt es zu berücksichtigen, wenn man über das »Modell Tatarstan« nachdenkt: Das Gebiet der Kasan-Tataren liegt inmitten des russischen Reichs, umgeben von einem Meer der Slawen, wohingegen die Gebiete der kaukasischen Muslime vergleichsweise nahe an den wichtigen Zentren des Islams liegen, Täbris, Teheran, Damaskus, Bagdad,

Ankara und Istanbul. Die recht isolierte Lage der Tataren fördert wohl ihre Bereitschaft zur Anpassung, ganz abgesehen davon, daß ein Aufruhr inmitten der Slawen militärisch weitaus schwieriger ins Werk zu setzen wäre als in dem am Rande gelegenen, überdies noch unzugänglichen Kaukasus.

Daß für das nun niedergeworfene Tschetschenien eine Lösung à la Tatarstan gefunden werden wird, ist nicht unmöglich, im Augenblick aber wenig wahrscheinlich. Moskau möchte die Rebellen und das Volk nach der Niederlage erst einmal demütigen. Und das Arrangement mit Maschadow empfand man nach der eigenen Niederlage im ersten Krieg als Kapitulation. Was später möglich sein wird, muß die Zukunft zeigen. Jelzin, der den Krieg auf russischer Seite begann, hätte durchaus von Beginn der zweiten Krise an in dieser Richtung verhandeln können. Es ging ihm dieses Mal jedoch darum, Rußlands militärische Stärke zu zeigen. Und Putin, sein politischer Ziehsohn, folgte ihm darin, mußte ihm sogar folgen, wenn er seinen politischen Weg erfolgreich weitergehen wollte. So war auch Putin in diesem Krieg im Grunde nicht wirklich der Herr seiner Entschlüsse, populär, wie der harte Kurs Moskaus im größten Teil der Bevölkerung nun einmal war. Zu Buche schlug auch, daß die russische Regierung immer dann, wenn westliche Politiker einmal etwas deutlichere Worte über die Menschenrechtsverletzungen in Tschetschenien fanden, auf den Kosovokrieg der Nato hinwiesen, den Moskau immer als einen ungerechten Krieg empfunden hatte, von der Nato willkürlich losgebrochen, um im Rahmen der Osterweiterung ihre Überlegenheit zu demonstrieren. Die Vermutung, daß man in Moskau gar keinen längerfristigen Plan zur Gestaltung der nationalen Strukturen habe, liegt nahe. Dies scheint die trivialste Aussage zu sein, aber wahrscheinlich die zutreffendste.

Gemäßigte und Eiferer ringen miteinander

Doch nun zurück zur anderen Seite, zu den Kaukasiern. Es kann kaum ein Zweifel daran bestehen, daß etwa ein Mann wie der tschetschenische Präsident Aslan Maschadow bereit wäre, das

»Modell Tatarstan« für sein Land zu akzeptieren. Natürlich wäre ihm die ganze Unabhängigkeit lieber, doch ist er Realist. Moskau machte in dem Krieg den Fehler, zunächst einmal gar nicht, dann aber zu spät mit Maschadow zu sprechen. Auf tschetschenischer Seite hatte Schamil Bassajew so sehr das Heft in der Hand, daß eine gütliche Regelung unmöglich geworden war, erst recht natürlich, wenn man jene Gerüchte über einen – von wem auch immer – bei Bassajew »bestellten Krieg« in Rechnung stellt. Aber mit Maschadow und anderen Gemäßigten, wohl auch mit einem großen Teil der Bevölkerung, wäre eine Einigung nach dem Muster der Kasan-Tataren wohl möglich. Das Problem besteht unter anderem auch darin, daß religiöse Fanatiker von Anfang an jeden Geist der Mäßigung hintertrieben haben. Hinzu kamen persönliche Rivalitäten. Schon Dudajews Ziel war die Errichtung eines gänzlich unabhängigen Tschetscheniens gewesen, da mochten Leute wie Bassajew, Radujew oder Jandarbijew nicht zurückstehen.

Eine Erfolgsgeschichte war die Tschetschenische Republik Itschkeria allerdings zu keiner Zeit. Auch wer Sympathien für den Unabhängigkeitswillen der Kaukasier empfindet, muß erkennen, daß diese Republikgründung ein Desaster war. Politisch, militärisch und auch zivilisatorisch erreichten die Führer der Tschetschenen in keinem Augenblick die Größe ihres Vorbildes Schamil. Bereits unter Dudajew war die mafiose Struktur von Itschkeria so stark ausgebildet, daß die Vorwände der Russen zu einem gewaltsamen Vorgehen einen Anschein von Berechtigung erhielten. Vor allem seit dem annähernden Sieg der Tschetschenen im Jahre 1996 unternahm die Regierung enorme Versuche, Recht und Ordnung zu etablieren, vor allem durch eine Islamisierung des Landes. Inwieweit Itschkeria tatsächlich zu einer »islamischen« Republik wurde, ist umstritten, doch wurde zusätzlich zu den islamischen Lebensformen und Traditionen der Tschetschenen auch das islamische Strafrecht, so wie die Scharia es vorsieht, wieder eingeführt. Im Westen wurden diese Dinge nicht immer in der rechten Weise verstanden. Unter den Tschetschenen wie auch anderen Kaukasusvölkern war die alte Sitte der Blutrache niemals ganz ausgestorben. Mit der Beinahe-Unabhängigkeit, die zunächst Unruhe, Chaos, dann offene Gewalt brachte, brach diese alte Sitte, vielmehr Unsitte, wieder auf. Durch die Einführung der staatlichen Hinrichtung gemäß den islamischen Vergeltungsstrafen (qisas, hudud), respektive die Einrichtung eines Blutgeldes (diyet), das die Familie des Mörders zu entrichten hatte, wollte der Staat jener endlosen Kette eines »Ausmordens« ganzer Familien ein Ende setzen, das bei ungezügelter Blutrache zu erwarten stand. Beobachter an Ort und Stelle vertraten bald die Auffassung, nur solch drakonische Rückbesinnung auf das Gesetz sei geeignet, der im Verbrechen versinkenden Republik Itschkeria einigermaßen Halt zu geben. All dies war freilich bezeichnend für den desolaten Zustand des ganzen Unternehmens.

Welcher Kurs in der näheren Zukunft eingeschlagen wird, hängt davon ab, wer auf beiden Seiten, bei den Russen wie bei den Tschetschenen, am längeren Hebel sitzt. Sollte es Putin als Präsident gelingen, die Verhältnisse des russischen Volkes ein wenig zum Positiven zu wenden, hätte er vielleicht gegenüber den stärker nationalistischen Kräften im eigenen Lager die Möglichkeit, auf die Tschetschenen zuzugehen. Umgekehrt setzt dies voraus, daß auch bei den Tschetschenen jene die Oberhand behalten, die bei allem Streben nach Unabhängigkeit doch mit den Russen zusammenarbeiten möchten. Bleiben die Voraussetzungen freilich so ungünstig, wie sie jetzt sind, dürften die Spannung noch lange andauern, und zwar auf mehr oder weniger hohem Niveau. Dies bedeutete eine russische Dauerpräsenz in den gut zu kontrollierenden Teilen Tschetscheniens, das heißt vorwiegend im Norden, verbunden mit immer wiederkehrenden Guerillaattacken aus dem Süden des Landes.

Im benachbarten Dagestan mit seinen zahllosen Völkern sieht es so aus, als sympathisierten zwar viele mit den Tschetschenen, wollten aber ihrem Beispiel nicht nacheifern. Man scheint sich dort mit den Russen arrangiert zu haben. Den Russen ist das in jedem Falle recht, haben sie doch damit begonnen, in den mittleren und nördlichen Regionen der Kaspisee nach Erdöl zu suchen, mit nicht geringem Erfolg, wie man hört. Dagestan hat, anders als Tschetschenien und die übrigen Republiken Kaukasiens, keine wirkliche Titularnation, sondern besteht aus größeren und kleineren Ethnien, von denen im Grunde keine eine Richtung angeben kann, der die anderen

Völker zu folgen hätten. Dagestan ist besonders pluralistisch, man muß sich dort vertragen, wenn man nicht untergehen will. Abwarten lautet in der östlichsten der kaukasischen Republiken deshalb die Devise.

Nicht anders verhält es sich westlich von Tschetschenien. Von Inguschetien bis zur Kabardei, nach Balkarien hinein und zu den Karatschaiern und Tscherkessen sind nach dem jüngsten Massaker von Grosnyj die Aspirationen auf Unabhängigkeit wohl fürs erste erlahmt. Das heißt freilich nicht, daß diese kleinen Völker der Region auf ihr Recht auf Selbstbestimmung zu verzichten bereit wären. Im Gegenteil: Der Streit um die Wahlen im Jahre 1999 hat gezeigt, wie hoch die Emotionen schlagen können, wie sehr doch auch der Gegensatz zwischen der russischen Bevölkerung und den jeweiligen Titularnationen ist. Es ist schwer zu sagen, wie lebendig jene Konföderation im Augenblick ist, welche die kleinen Völker des Nordkaukasus vor Jahren proklamiert hatten, ob sie mehr auf dem Papier steht, eher in den Köpfen als utopischer Traum entworfen wird oder wirklich in den Herzen der Menschen lebt. Als man damals beschloß, einen lockeren »Staatenverbund« ins Leben zu rufen, schienen die Zeichen für eine allgemeine Irredenta günstiger zu stehen als heute. Die transkaukasischen Republiken kamen von Moskau los, und auch in Abchasien gelang ganz offenkundig die faktische Trennung von Georgien. Für die Balkaran und Kabardiner, für die Karatschaier und Tscherkessen gilt Ähnliches wie für die Dagestaner: Sie sind mittlerweile zu wenig zahlreich, um eine wirkliche Macht darzustellen; und sie sind sich wohl auch nicht einig in ihrem Willen. Es zeigt sich gerade bei den kleineren Völkern, daß die stalinsche Politik des »divide et impera« doch gewiße Früchte getragen hat – im Sinne der Schwächung und Spaltung. So lautet auch dort die Devise: abwarten.

Kein Öl ins Feuer: Labile Stabilität in Transkaukasien

Unter den drei transkaukasischen Ländern ist Georgien vielleicht in der prekärsten Situation. Seine Unabhängigkeit ist nicht nur durch die Russen gefährdet, sondern auch von innen. Unter Eduard

Schewardnadse hat Georgien in den vergangenen Jahren eine bemerkenswerte Stabilität errungen. Im April wurde er für weitere fünf Jahre zum Staatspräsidenten gewählt. Seine Widersacher sind weniger die weit versprengten Anhänger seines ehemaligen Rivalen Swiad Gamsachurdia als vielmehr Oppositionelle, die mit Beschuldigungen und Vorwürfen tatsächlich recht leichtes Spiel haben. Es ist Schewardnadse nicht gelungen, die abtrünnige Provinz Abchasien wieder an Georgien anzubinden. Es sieht auch nicht danach aus, als werde er dieses Versprechen in absehbarer Zeit einlösen können, jedenfalls nicht, solange Moskau seine Truppen zur Unterstützung der abchasischen Sezessionisten abstellt und in Suchumi beläßt. Nun ist die Frage, wie lange Hunderttausende georgischer Flüchtlinge aus dieser Region noch ruhig bleiben bzw. wann sie aufbegehren werden. Vielleicht nicht so sehr gegen Schewardnadse als Person, sondern gegen eine Regierung, die nichts tut, um ihr Schicksal zu verbessern. Gegenwärtig muß Georgien vor allem die tschetschenischen Wirren von seinem Territorium fern halten und alle möglichen diplomatischen Verbindungen anknüpfen und aufrechterhalten, am vordringlichsten mit westlichen Ländern wie den Vereinigten Staaten und Deutschland. Schewardnadse vollzieht so einen Balanceakt im eigenen Land, um zu verhindern, daß Georgien abermals im Bürgerkrieg versinkt, der den Russen Anlaß zu einer Intervention böte. Man brauchte ja nur von irgend jemandem »gerufen« zu werden. Darin haben die Russen große Erfahrung seit dem Ende des Zweiten Weltkriegs.

In und für Aserbaidschan gilt im wesentlichen dasselbe. Alijews Schwachpunkt, wenn er überhaupt einen hat, ist die Tatsache, daß sein Land mit dem unbewältigten Konflikt um Berg-Karabach leben muß. Er hat mehr als eine Million Flüchtlinge aus diesem Gebiet im Land, Karabach ist faktisch armenisch geworden. Alijew setzt nun darauf, daß die internationale Staatengemeinschaft den aserbaidschanischen Standpunkt unterstützt, daß es nämlich unstatthaft ist, internationale Grenzen – wie es die Armenier taten – mit Gewalt zu tilgen. Die immer wieder stattfindenden Kontakte und Gespräche mit der armenischen Seite sind schon deshalb richtig, weil sie den Konflikt auf die Ebene der Diplomatie gehoben haben; aber weitergekommen ist man in der Sache nicht. Alijew ist klug genug, nicht neues Öl in das Feuer zu gießen, und die armenische Seite scheint sich zunächst damit zu begnügen, daß sie auf dem Schlachtfeld ihr Ziel erreicht hat: Karabach zu armenisieren. Möglicherweise fürchten beide Seiten, Moskau könne bei einer neuerlichen Zuspitzung der Lage eingreifen und das Thema Transkaukasien wieder in seinem Sinne lösen. In Armenien scheint die Gefahr von Machtkämpfen am wenigsten gebannt.

Ungewißheit liegt darin, daß die Führer Georgiens und Aserbaidschans schon ein hohes Alter erreicht haben. Zwar bürgt dies für große politische Erfahrung, doch wer und was kommt nach ihnen? Wird in Baku die Volksfront unter Eltschibey wieder nach oben gelangen? Und was könnte das, nach dem gescheiterten ersten Experiment mit dem Türkismus, das heißt der allzu engen Bindung an die Türkei, für das Land bedeuten? Aserbaidschan starrt von Waffen, ebenso Georgien, wo niemand sagen kann, was nach der Ära Schewardnadse geschehen wird. Auch in Georgien ist es ja nicht gelungen, das Bandenwesen wirklich zu beenden, man hat die bewaffneten Kämpfer allenfalls beschwichtigt. Dabei sind Geld und Posten im Spiel, mit denen man sich gegebenenfalls die politische Loyalität erkauft – auf Zeit allerdings und für Zweckbündnisse.

Wird also Kaukasien der Kriegsschauplatz, das Schlachtfeld der Zukunft? Dies sagen nicht nur Autoren voraus, deren Metier die gut lesbare, ein wenig reißerisch aufgemachte Reportage ist. Auch der bedeutende außenpolitische Denker Amerikas Zbigniew Brzezinski, der auch die Russen – und zwar nicht allein die Kommunisten – gut kennt, spricht davon. Für ihn waren weder die Unruhen und Kriege zwischen Armenien und Aserbaidschan noch die beiden Waffengänge in Tschetschenien eine Überraschung. Er glaubt, daß sich solche Auseinandersetzungen häufen und daß auch in Zentralasien Kriege ausbrechen werden, trotz aller Versuche der dortigen Politiker, den Islamismus zu unterdrücken, ein gestrenges Regiment zu führen und allmählich die daniederliegenden Volkswirtschaften aus ihrer Talsohle herauszubekommen. Vielleicht ist gerade die allzu autokratische Art dieser Herrscher das auslösende Moment.

Vieles wird auch im Kaukasus in der Tat davon abhängen, ob die dort lebenden Völker auf mittlere und längere Frist wirtschaftlich eine Aussicht auf Besserung der eigenen Situation und auf eine angemessene politische Teilhabe sehen oder nicht. In Tschetschenien gilt es zunächst einmal, die Trümmer beiseite zu räumen. Und dasselbe trifft auf die Russen zu. Völker, die im Wohlstand leben, neigen weniger dazu, ihre Konflikte auf kriegerische Weise zu lösen, als solche, die nichts zu verlieren haben und die man in einen nationalistischen Wahn hineinhetzen kann, um sie von ihrer Armut und Unterentwicklung abzulenken. Das zeigt die jüngste Geschichte West- und Mitteleuropas zur Genüge. Wahrscheinlich werden auch die Russen erst dann großzügiger gegenüber den Kaukasusvölkern sein; und vielleicht werden sie auch erst dann darüber nachdenken, wie man die Ungerechtigkeiten des eigenen Kolonialismus durch eine Politik des freundlichen Entgegenkommens und des gemeinsamen Arrangements in einer sich entwickelnden Zivilgesellschaft wieder gutmachen kann. Im Augenblick sieht es nicht so aus, als werde man in Moskau über wirksame politische Wege einer Abwikkelung des kolonialen Kehraus nachdenken. Bis es soweit ist, wird noch viel Wasser den Terek hinunterfließen.

Doch der Kaukasus befindet sich nicht nur im Fadenkreuz der Russen, und auch die Russen stehen nicht isoliert für sich, wie wir gezeigt haben. Westliche Staaten, die in der Region wirtschaftliche und politische Interessen haben, sollten darüber nicht vergessen, wieviel Unheil in der Vergangenheit durch die Mißachtung der jeweiligen »Partner« entstanden ist, die man eben nicht als solche sah und behandelte, sondern als billige und oft willige Objekte ausbeuterischer Begierde. Der heutige Turbo-Kapitalismus mit seinen offenbar unbegrenzten Globalisierungsbestrebungen neigt wieder dazu, neben der Befriedigung der ökonomischen Bedürfnisse und dem Streben nach billigen und reichlichen Rohstoffen das partnerschaftliche Verhalten zu vernachlässigen. Die Kaukasier, und gerade auch die Muslime unter ihnen, wollen aber ernst genommen werden. Ich weiß wohl, daß in der sogenannten Realpolitik Begriffe wie »politische Partnerschaft« im allgemeinen nicht vorkommen. Sie gelten als naiv. Doch vielleicht unternimmt man ja doch einmal den Versuch, Beziehungen zu begründen, die nicht allein auf nüchternem Zweckdenken allein fußen, sondern zumindest einer strategischen Partnerschaft entsprechen. Dies würde bedeuten, daß man irgendwie zusammengehört, und sei es auch nur »strategisch«. Die Georgier zum Beispiel haben viele Sympathien für die Deutschen, sie schätzen die deutsche Sprache und Kultur. Daßelbe gilt für Armenien und sogar für das scheinbar kulturell fernere Aserbaidschan.

Was nun Rußland angeht, so wird es sein Verhalten auch danach ausrichten, wie man von anderer Seite mit ihm umgeht. Und umgekehrt werden die Russen lernen müssen, daß das Leben und Zusammenleben in einer multipolaren Welt viel schwieriger ist als in einer bipolaren. Moskau wird sich anstrengen müssen, um gegen die Konkurrenz der künftigen Großmächte in seiner Nachbarschaft bestehen zu können: gegen das vereinte Europa und gegen den Riesen China. Angesichts dieser heraufdämmernden Rivalität erscheinen die Konflikte im und um den Kaukasus beinahe schon als Nebenschauplatz der Geschichte.

Bibliografie

Akiner, Shirin: Islamic Peoples of the Sovjet Union, London/New York/Sydney 1986

Barlas, Cafer: Kafkasyanin Kurtuluş Mücadelesi, Istanbul 1993 (in türkischer Sprache)

Blanche, Lesley: Die Säbel des Paradieses. Der Freiheitskampf der Kaukasier, München 1965

Bodenstedt, Friedrich: Tausend und ein Tag im Orient, Frankfurt am Main 1994

Conquest, Richard: Stalins Völkermord: Wolgadeutsche, Krimtataren, Kaukasier, Wien 1974

Dumas, Alexandre: Rußlandreise – Kaukasische Fahrt, Hamburg 1964

Gelaschwili, Naira: Georgien. Ein Paradies in Trümmern, Berlin 1993

Grobe-Hagel, Karl: Rußlands Dritte Welt, Nationalitätenkonflikte und das Ende der Sowjetunion, Frankfurt am Main 1992

Grotzky, Johannes: Konflikt im Vielvölkerstaat. Die Nationen der Sowjetunion im Aufbruch, München 1991

Güler, Halit: Sovyetler Birligindeki Türkler, Ankara 1990 (in türkischer Sprache)

Hötzsch, Otto: Rußland in Asien. Geschichte einer Expansion, Stuttgart 1966

Hoffmann, Tessa: Die Armenier. Schicksal, Kultur, Geschichte, Nürnberg 1993

Hoffmann, Tessa: Annäherung an Armenien. Geschichte und Gegenwart, München 1997

Istrati, Panaït: Auf falscher Bahn. Sechzehn Monate in der Sowjetunion, Frankfurt am Main/Wien 1989

Kundukh, Aytek: Kafkasya Müridizmi (Gazavat Tarihi), Hazirlayan Tarik Cemal Kutlu, Istanbul 1987 (in türkischer Sprache)

Lepsius, Johannes: Deutschland und Armenien 1914 bis 1918. Sammlung diplomatischer Aktenstücke, zuletzt Bremen 1986

Lermontow, Michail J.: Werke (Ausgabe von Arthur Luther), Leipzig 1922

Mark, Rudolf A.: Die Völker der ehemaligen Sowjetunion, Opladen 1962

Pietzonka, Barbara: Ethnisch-territoriale Konflikte in Kaukasien. Eine politisch-geographische Systematisierung, Baden-Baden 1995
Renz, Alfred: Kaukasus. Georgien, Aserbaidschan, Armenien, München 1985
Renz, Alfred: Land um den Ararat, München 1983
Rothfuss, Uli: Aserbaidschan. Land der Feuer. Ein literarischer Reiseführer, München 1997
Rustaweli, Schota: Der Mann im Pantherfell, Zürich 1974
Sahni, Kalpana: Crucifying the Orient. Russian Orientalism and the Colonization of Caucasus and Central Asia, Bangkok 1997
Sarkisyanz, Emanuel: Geschichte der orientalischen Völker Rußlands bis 1917, München 1961
Scholl-Latour, Peter: Das Schlachtfeld der Zukunft. Zwischen Kaukasus und Pamir, Berlin 1996
Sonyel, Salahi R.: The Ottoman Armenians. Victims of Great Power Diplomacy, London 1987
Stölting, Erhard: Eine Weltmacht zerbricht. Nationalitäten und Religionen der UdSSR, Frankfurt am Main 1990
Tahir ül-Karakhi, Muhammed: Imam Şamilin Gazavati, Hazirlayan Tarik Cemal Kutlu, Istanbul 1987 (in türkischer Sprache)
Ternon, Yves: Tabu Armenien, Berlin 1981
Troyat, Henri: Puschkin. Eine Biographie, Berlin 1959
Trutanow, Igor: Zwischen Koran und Coca Cola, Berlin 1994